人種と歴史

人種と歴史

黒人歴史家のみたアメリカ社会

ジョン・ホープ・フランクリン◆著
本田創造◆監訳

岩波書店

RACE AND HISTORY
Selected Essays 1938-1988

by John Hope Franklin

This Japanese edition published 1993
by Iwanami Shoten, Publishers, Tokyo,
by arrangement with
Louisiana State University Press, Baton Rouge.

序　文――日本の読者へ

私が、これまで書いてきた論文の選集を出版することにしたのは、半世紀にわたる私の著作とそこでの関心の広がりを、このさい一冊の書物にまとめておくことに意義があると思ったからである。これらの論文はかなりの数にのぼるが、その中から代表的と言えそうなものを選んだのが、この日本語版のもとになっている原書の *Race and History*『人種と歴史』である。そこに収録された論文は、すでに取り上げたことのあるテーマで書いたものもあれば、それとはかなり趣を異にしたテーマで書かれたものもある。もし、今後もこのような選集を出版する機会があれば、これから書くものだけでなく、今回は収録を見送ったものも収めたいと思う。

私が、なんらかの貢献をすることを願い、意見を表明してきた問題が、このように多岐にわたり、かなりの数にのぼっているのを目のあたりにすると、身のひきしまる思いがする。私の所説には他から反駁される余地がないとか、すべてが正しいなどと主張するつもりは毛頭ない。とはいえ、これらは今日まで私が歴史家としての全生活をかけてきた研究と熟考の結実であるとだけは言っておきたい。なかには、論争の余地ある態度を残していたり、事実の裏づけが必ずしも十分とは思われないような主張をしているものもあるかもしれないが、それが真摯に、率直に表明されたものだということだけは確かである。議論に無理のない、説得力のある反論を、私はいつでも歓迎したい。

原書に収められた論文は、一九三八年以来、私が主にどのような領域で歴史研究を続けてきたかを示している。このうちのいくつかは、本格的な研究を要すると思われた問題に取り組んだ成果であるが、狭い個人的な問題から広く一般的な問題まで、また政策上の問題を扱ったものも収められている。さらに、歴史学者として発言する特別の責任があると思われた問題を取り上げたものもある。それらは、さまざまな学会の会長をつとめていた時、私が取り組んだものである。このように多岐にわたる主題や問題を扱ったこの選集に、それらを統合する中心的なテーマがあり、それなりの一貫性が保たれていることを、著者としては祈るばかりである。

この原書が、たとえ縮小された形であっても、日本語に翻訳され、多くの日本の人びとに読んでもらえることは、私にとっては望外の喜びであり、また誇りでもある。思い返せば、もう一五年ほど前のことになるが、私の別の著作である『奴隷制から自由へ――アメリカ黒人の歴史』は、最初に日本語に翻訳され、それから四つの言語に次々に翻訳された。このたび、『人種と歴史』の日本語版が、いち早く出版されたことは、この書物にとって、幸先のよい出発点となるだろう。

そう期待するとともに、この日本語版を読んで下さった読者が、私がそこで提起している諸問題について関心をもち、その答えを追求してくれることを切に願うものである。

最後に、日本語版の出版にかかわって下さった方々に、ここで感謝の意を表したい。とくに、監修の労をとってくれた本田創造教授と、翻訳の仕事を担当してくれた彼の若い同僚たちの努力によって、本書の刊行が実現したことを本当に有難いと思う。

ジョン・ホープ・フランクリン

一九九二年七月

目　次

第一章

われわれの歴史について

「我らが作る詩こそ、我らが人生である。」南北戦争勃発の前夜、ウィリアム・ラウンズ・ヤンシーは誇らしげに語った。「われわれは、真実に満足できなくなった時、自らが作った虚構を現実へと変えるであろう。われわれの歴史について言えば、およそ合衆国にとって栄誉となるものは、すべて、われわれが創り出してきたのだ」と、彼は続ける。歴史についてのヤンシーのこの言及は、「南部人の心を燃え上がらせる」ために、うまく計算されたものであった。というのも、一八五〇年代の南部には、北部との地域間対立が原因で、その後、長期間にわたって議論を巻き起こすような鮮明な歴史意識が形成されつつあったからだ。虚像に満ちた南部の歴史を創り出し、それを賞賛することで、したたかな「南部の歴史の女神」は、盲目的な地域愛を抱くヤンシーのような人びとに力を授け、「綿花生産州を戦争へと導いた」のだ。この南部神話は、それを生み出す原因となった地域間対立が終わっても消えることはなかった。いや、むしろ、南北戦争に敗れた屈辱のため、南部人は、その神話をますます心理的に必要とするようになった。一〇〇年ものあいだ、南部の歴史家にとっても、真実は冷酷で、夢の中に生きるのが居心地よかったので、かれらは、過去の事実に忠実で変化する現状をも適切に反映した南部の自己イメージを、なかなか構築することができなかった。

一八五〇年代以前の南部は、「相異なり対立する利害、階級、価値観が雑多に同居する」地域であり、歴史的にであれ現状であれ、ひとつのまとまった存在とみることはできなかった。また、南部の人びとは、いかなる種類の歴史にもほとんど関心を示さなかった。植民地時代には、生存の厳しさ、余暇の不足、識字率の低さ、そして物事を考えるよりも行動を好むという、南部人特有の性向のために、歴史叙述をはじめとする文筆活動は盛んではなかった。しかし、独立革命にともなう愛国心の急激な高まりは南部にもみられ、一九世紀の初頭を通じて着実に成長していった。そして、南部人の中には、歴史叙述を通してアメリカ人としての愛国心を表明した者もいた。一七八九年に出版されたデイヴィッド・ラムゼイの重要作『アメリカ独立革命の歴史』は、このような愛国心の高まりを反映する初期の作品群の中でも、最も注目に値するものである。また、一八四一年まで時代は下っても、ヴァージニア州出身のジョージ・タッカーのように、『アメリカ合衆国史』という地域的偏見のほとんどみられない作品を書いた者もいた。

しかし、全体的にみて、南部人は歴史叙述を他地域の人びとに任せたという感じで、かれらが書いたものは、そのほとんどが個々の州の歴史だった。これらの州史をみると、そこには南部が他とは異なる地域だという意識はほとんどみられない。むしろ、独立革命を源とする合衆国のリベラルな伝統にたいして、各々の州が、自分たちこそ大きな貢献をしてきたのだと主張している。これらの州史を北部で書かれた州史と比較しつつ読んでみると、そこに「親睦の気持ちが大きくあらわれていた」ことに驚くであろう。南部の歴史家は、他州との競争意識という点においてのみ地域主義的であったが、基本的には国家の一員としての栄誉を求める点で愛国主義的で、「国家全体の理想によって定められた」基準に照らして、それ相応の栄誉が自州に与えられるべきだという一致した認識をもっていた。じじつ、より積極的にナショナリズムに訴える歴史叙述をしていたニューイングランドの歴史家にたいして、かれらの優位性を認めてしまう南部の歴史家もいたのだ。一八三〇年にウィリアム・ギルモア・シムズは「ヤンキー〔北部諸州の人びと〕こそが、解放を勝ち取ろうと決意して自由の旗を真っ先に掲げた人達である」と書いた。また、一八五四年になっても、ヴァージニア州の著名な歴史家ヒュー・ブレア・グレグスビーが、ジェームズタウン開拓から始まった自州の歴史は、清教徒による「偉大で崇高な業績」と比較して見劣りがすると主張している。

しかし、一八四〇年代までには、南部は愛国的観点から離れて自分の過去をみ始めていた。南部諸州は、自分たち固有の歴史的貢献をより熱心に主張するようになり、南部人の中には、合衆国のリベラルな伝統を南部史のテーマとして選ぶことを真っ向から拒否する者も出てきた。たとえば、ヴァージニア州の人びとは、クロムウェル政権下のイングランドから逃れてきた王党派の亡命者たちが、自州に他とは明確に異なる色合いを与えたと主張し始めた。この王党派伝統説は、より有能なヴァージニア州の歴史家たちの反駁にもかかわらず、政治家、文筆家、喧伝家などによって広められた。というのも、この説が新たな歴史知識から生みだされたものではなく、高まりつつあった地域間抗争という切迫した状況から生じたものだったからである。

この時期、南北の地域間の軋轢が強くなったために、南部人は自地域の内部にあった自然地理的な差異、人びとのあいだに存在する経済的・社会的地位の差、政治的信念や思想の違いを軽視せざるをえなくなっていた。他の西洋社会からは日増しに高まる非難を受けていた奴隷制度を永続させようと決意していた南部白人は、独自の価値観、問題、危機感、願望を共有する、他のアメリカ人とは異なったグループとして自分自身をみるようになる。その結果、南部人は固有の歴史を共に分かち合っていると、かれらが信じるようになるのは避けられないことであった。

さらに、抜け目のない南部の指導者たちは、歴史というものを、地域間抗争において大きな力を発する武器として使えると考えた。南部がいかに栄光に満ちた過去をもち、共通の危険や運命を有しているかを示すことによって、アメリカという連邦の中でその地位を維持するにせよ、分離国家への道を進むにせよ、必要不可欠な一致団結を作り出すことに、南部の歴史家が貢献できるはずだった。その結果、一八四〇年代後半から一八五〇年代になると、アメリカ合衆国の伝統の形成に南部の各州が果たした特異な貢献を主張する歴史から、南部と北部の違いや南部の優位性を強調する歴史へと、徐々にではあるが確実に歴史叙述の特徴は変わっていった。

この変化は、北部の歴史家のあいだでも高まりつつあった地域主義的な感情によって、さらに助長された。北部の歴史家による「信頼関係の裏切り」が南部人にショックを与え、歴史の分野における自己満足と怠惰から、かれらを覚醒させたのだ。南部のしきたりが、いかに不道徳的で欠陥のあるものかを証明するさいに、北部の著述家や喧伝家は、アメリカという国の成長・発展における南部の貢献は取るに足りないものだと主張し始めた。たとえば、一八四七年にマサチューセッツ州のロレンゾ・サビーンが、独立革命中に英国側を支持した植民地人を包括的に取り扱った初めての書物、『アメリカの王党派』を世に出した。サビーンはその中で、南部では王党派支持の声が余りにも強かったため、独立革命の勝利に南部が果たした役割はごく限られたもので、概して影響を与えなかったと主張している。さらに、「サウスカロライナ州は、北部の軍隊が支援したのに、自分たちの首都を守ることはできなかったし、守るつもりもなかった」と、サビーンは結論を下した。

もし、サビーンが意図的な計画のもとに、この書物の中で南部を非難したとしても、これほど彼が南部人の心を傷つけ、感情的な反発を南部人から呼び起こすことはなかったであろう。南部人はこの本のことを、南部のしきたり、誠実さ、忠誠心を非難するという北部の邪悪な計画の一部だとみなした。それは、南部人にとって、奴隷制廃止論者の攻撃と同様、決して見過ごすことのできないものであった。以後、一〇年間、かれらは新聞で、演壇で、合衆国議会で、そして、いたるところ、聴衆の面前で、この本に反駁を加えた。サビーンの説にたいして即座に猛烈な反発が起きたという事実以上に重要なのは、彼の説が、連邦内の少数派の立場として、地域的自覚を得つつあった南部をして、独立革命史を含めて、すべての歴史を自らが書かねばと確信させた過程である。

サビーンの書が出る三年前、ウィリアム・ギルモア・シムズは、サウスカロライナ州の歴史は書かれる必要がないと論じていた。「その歴史は、未来永劫にわたって残るであろう、わが国の記念碑の上に、すでに深く刻み込まれている」と、シムズは言っていたのだ。そして、「歴史は、われわれの回りに生きたトロフィーとして丘の上に残っている。また、われわれの心の中にも決して消えない記憶として残っている。それは、どんな運命が待ち受けていようとも消されることのないもので、独立革命にまつわるすべての偉業と栄誉から切っても切り離せないものである」とも。それが、サビーンによる南部批判の書が出て一年も経たないうちに、シムズは自州や南部の歴史を叙述することについて、意見を変えてしまった。彼は、南部に住む者こそが、この仕事に着手しなくてはならないと確信するようになったのだ。その理由は、南部の歴史が、「わが国に大勢いる見せかけだけの堕落した歴史家によって書かれ、かれらは読者の信頼感につけこんでいる」からである。南部の代表的な扇動者であるローレンス・M・キートはこれに同調し、サウスカロライナ州は「自州の歴史の記録を集め、それが他所からの攻撃によって葬り去られないようにすべきだ」とも、つけ加えた。また、一八五〇年代後半には、ウィリアム・ポーチャー・マイルズが、南部で過去の「栄光に輝く記憶を呼び戻し、永遠に保存しようという意向が、ようやく明白になってきた」ことを見て満足している。

独立革命における南部の役割についての論争で南部は勝つことができなかったが、そのことによって、南部人は自分たちの観点から自らの歴史を正しく書くことの必要性を学んだのである。一八三〇年代と一八四〇年代に、南部諸州で次々と誕生した数多くの歴史学協会は、当初はたんなる社交団体のようなものだったが、徐々にその活動を広げつつあった。また、戦闘記念日などの歴史行事が行なわれるようになり、合衆国の歴史に果たした南部の特異な貢献を見直す機会になった。ヴァージニア州は地元出身のジョージ・ワシントンにたいして「独立運動の初期のリーダー」として敬意を示し、メリーランド州では南部を愛した詩人ジェームズ・ライダー・ランドールの刺激的な詩の中に出てくる地元の英雄が思い起こされ、南北カロライナ州は南部を代表する政治家ジョン・C・カルフーンを崇拝し、ルイジアナ州はクリオール(同州に住むフランス系移民の子孫〕の伝統を誇らしげに指摘した。」そして、一八六〇年頃には、ある南部の歴史研究者が、次のようなことを真剣に主張するまでになっていた。「そもそも、南部は、支配者たるべき一族に属し、その人種と血統を受け継ぐ者の指導のもとに植民・統治されたのであり、したがって、その住民は騎士というべき人びとの血筋を受け継いでいる。……そのような南部人にとって、法と秩序、服従と支配は、結局のところ同じことを意味する言葉であり、かれらは実際に世界を支配しているのである」と。

このように、南北戦争以前の南部の歴史家は、事実の正確な把握よりも自分たちの地域が取っている立場を支持するほうに関心があった。南部の地域ナショナリズムを燃え上がらせることによって、歴史家たちは、ウィリアム・ギルモア・シムズのような著名な文人であれ、法律家でプランターで素人歴史家でもある抜け目のない人物、デイヴィッド・F・ジェイミソンであれ、画一性と統一性を強調する雰囲気を作り出すことに大きな役割を果した。これは南部人のあいだにあった宗教的、民族的、文化的な差異を無視し、かれらに関する神話を創り出すことを意味したが、それはやり遂げなければならない仕事であった。そして、南部の歴史家はほとんど例外なく、この課題に熱心に信念をもって取り組んだのだ。

南部の歴史家たちが地域ナショナリズムの形成に与えた影響は、南部の軍隊が与えた影響よりも永続的なものであった。分離国家を作ることに失敗し、戦場においても敗北を喫した南部人は、南北戦争後に自分達の過去にたいして大きな関心を寄せて一心不乱にそれを見つめ、その結果、歴史への礼賛は永続的かつ重要な南部文化の一部となった。記念碑、郷土愛的団体、歌、詩、記念式典、日常の場での回想を通して、南部人は、南部が偉大な目的をまさに達成しようとした過去の栄光の日々のことを、若い世代に提示し続けた。とくに、かれらは、歴史叙述を通して、同時代と後世の人びとにたいして過去に南部が行なったことを説明し正当化しようとした。南部人は、自分たちが剣をもってして成し得なかったことを、ペンでやり遂げなくてはならなかったのだ。

アルフレッド・テイラー・ブレッドソーは、自らが発行する『サザン・レヴュー』誌の第二号の中で、歴史一般、なかでも自分の愛する南部の歴史にたいして、深い敬意の念を表している。とくに、彼は人びとを団結させるさいの歴史の重要性を評価し、南部で歴史が無視されることがあってはならないと明確に主張した。ブレッドソーは、その文章の中で次のように述べた。「世の中というものは、努力はしても目に見えるような成功を収めなかった英雄たちや、殉教者たちの目に見えない苦しみなどを、えてして忘れてしまうものだ。したがって、かれらは敗北者だという宣告が余りにも頻繁に下され、英雄たちの頭からは、かれらがかぶるに相応《ふさわ》しい冠が取り去られてしまうのだ。……こんなことで、よいのだろうか？……もし、われわれが、南北戦争後のヴィックスバーグ、フレデリックスバーグ、コロンビアの暗黒の廃墟や荒廃の跡について忘れてしまい、あの略奪と殺戮をも忘れるようなことがあったとしても、英雄的な、わが同胞たちの行動や、かれらが生死をかけて残してくれた教訓や遺産を、今だに奪い破壊しようとする動きがあることは、決して忘れることはできないのだ。」

このようにして、歴史叙述は南部という地域への忠誠と献身を示す行為となった。連邦脱退の運動にかかわった指導者と、南部連合の政治家の多くが、南部の大義についての回想録や歴史を出版し、かれらは、ベンジャミン・H・ヒルが言うところの、南部が有する最も偉大な資産は、その歴史、しかも「公平であって感情的ではなく、媚を売るようなものではない歴史」であるという見方に確信を抱いていた。一八六九年には、このような歴史家が集まって南部歴史学協会が結成され、協会は南部連合の記録を集めて保存し、雑誌『サザン・マガジン』に論文を掲載し、後には自ら『南部歴史学協会論集』を発行して論文を掲載した。また、『我が愛する祖国』『戦場と炉辺』『サザン・レヴュー』のような雑誌の中で、南部人たちは南北戦争前の南部社会の明るい側面、連邦脱退から戦争に至る南部の行動の正当性、そして再建期の恐怖などについての描写をした。「失われた大義」というこの主張は南部の一般大衆の心理を非常に巧みに突いており、南部の「ブルボン〔再建期以降、南部で政治権力を握った勢力の呼称〕」政治家はこれを取り上げて、北部との政治的・経済的和解という、一般には受け入れられないが著しく現実的な計画を進めるにあたり、それを覆いつくして隠す甲冑《かっちゅう》のようなものに仕立て上げたのだ。

しかし、「失われた大義」を熱烈に信じる者の中には、南北戦争後の南部の歴史家の仕事に不満を抱く者もいた。なにしろ、熱狂の渦の中で余りにも多くの歴史協会や歴史雑誌があらわれ、数カ月あるいは数年で消えていったのだ。また、南部側から見た歴史を語った回想録や叙述の余りにも多くは、どのようにみても凡庸なものであった。一八九二年にはトマス・ネルソン・ペイジが「南部では真に歴史と呼べるものは書かれていない」と不満を述べている。「二、三年もすれば、南部には歴史を書こうという要求すらなくなってしまうだろう」とも。ペイジに言わせれば、これは本当に悔やむべきことであった。何故ならば、南部は特異な文明を有し、「その影響力は歴史が始まって以来という大きさであるにもかかわらず、その歴史が、この文明の敵対者によってのみ書かれている」からだ。

ペイジは、主として南部の歴史叙述の量の少なさを不満に思っていたわけだが、南部人の中には、その質についても異議を唱え、南部史がたんに追想的で無批判的で自己憐愍《れんびん》的である限り、知的なものとして認識されることはないと気づく者も出てきた。ジョン・スペンサー・バセットは、一八九七年に、「正確さを追求するという基本姿勢を有する者は、誰一人として南部人によって書かれた南部史に満足することはできない」と、ノースカロライナ州にあるトリニティー・カレッジで学生と教員に向かって語った。剣を持って勇敢に戦った南部連合の軍人たちが、今度は歴史家として「ペンを取って愚かな真似をしようとする」動きをみて、バセットは、「失われた大義」への忠誠や南部連合での経験をもつことが南部史を書く資格なのではないと確信したのだ。南部史の研究者は、どの学者もそうであるように、「証拠を吟味する方法を知り、事実にたいする科学的な姿勢を有し、真実への見識をもたねばならない」と、彼は言う。しかし、バセットは、これらがすぐに改善されるという期待を、ほとんどもち合わせていなかった。何故なら、伝統的な歴史観からはずれた歴史家は、南部では「裏切り者として、自分が生まれた土地の殉教者を侮辱する者として非難される」からだ。

バセットの悲観的な見方にもかかわらず、彼が主張した学識上の理想は、まさに南部の歴史研究を変えようとしていた。新しい科学的な歴史研究の技術を習得するために、有能で精力的な若い世代の南部人が、ジョンズ・ホプキンス大学のハーバート・バクスター・アダムズ、コロンビア大学のウィリアム・アーチボルド・ダニング、そしてヨーロッパの大学の権威ある歴史家たちのセミナーに参加するようになっており、バセットもそのうちの一人だったのである。二〇世紀初頭の一〇年間に、かれらは南部史に関する数多くの研究を出版するようになり、南部の歴史研究は今まさに開花しようとしていた。南部の代表的な大学では教授たちが南部史に関心を向けるようになり、北部の大学の中には、南部出身の学者を雇って南部史の講義や研究をするように奨励するところも出てきた。南部諸州は公文書館や歴史委員会を設立し、州や地方の歴史協会の活動も再び活発になった。アメリカ全体でナショナリズムが復興していた当時、歴史への意識に目覚めた南部は、科学的な歴史研究を発展させようという全国的な動きの中で重要な位置を占めたいと願っていたのだ。

しかし、南部の歴史専門家の第一世代が抱いていた科学的方法への真摯な願望も、かれらが目指していた科学的で全く偏見のない客観的な歴史を生みだすことはできなかった。これらの歴史家たちが、科学的な装いのもとに、科学と論証法と民話と幻想を奇妙に混ぜ合せて作り出したものほど、南部の神話が依然として強い影響力を保持していることを雄弁に物語る証拠として相応しいものはない。ほとんど例外なく、かれらの関心は南部史の二つの局面に集中していた。奴隷制度の全盛期と南北戦争・再建の時代である。これら二つが南部史の中でも英雄的な時代であり、前者は栄光の文明が頂点に達した時期で、後者は悲劇的ではあるが栄誉ある敗北を喫した時期となる。

これらの歴史研究は、以前から受け継がれてきた地域的偏見や憶測に満ちているが、著者たちはほとんどそれに気づいてないように思われる。奴隷制度に関する最も著名な歴史家の一人は、プランテーション、つまり奴隷のいる農園は「教会の教区のようなものか、安堵をもたらしてくれる礼拝堂」だったと熱弁をふるい、それは「結婚を司る役所でもあり、おそらくは多数の女性が仕えるハーレムのようでもあり、子供がたくさんいる育児所や離婚法廷のようなところ」でもあったと述べた。また、再建期研究の権威の一人によれば、クー・クラックス・クランの活動の結果は「良かった」とされ、その理由は「黒人をおとなしくさせ、白人の生命と財産の安全を確保し、女性を守り、焼き打ちを止めさせ、白人が政治的優位を獲得する道を開いた」からだと強調された。これらの歴史を読む人びとは、白人は自由で黒人が奴隷だったのだから、奴隷制度は積極的な善であり、逆に、再建期は多くの白人が投票できなかったのに黒人のほとんどが投票できた時代なので完全に邪悪なものだ、というような推論を、そこからすることができた。

ある事実にたいしては、無批判的で非現実的な解釈を下し、別の多くの事実は無視するなど、これらの歴史叙述は、南部と南部の問題を深く正しく理解するための基礎になるようなものではなかった。さらに重大なのは、南部を他の地域とは異ならしめていた数々の重要な点、とくに黒人たちの処遇について、南部白人が決して譲ろうとしなかった考えにたいして、これらの歴史叙述が学問的な正当性を与えたことである。それを「科学的」で「公正」な歴史だと主張することによって、南部の新しい歴史家たちは、南部は長年にわたって不当な取り扱いを受けてきたが、実際は南部のたどった道は基本的には正しいものであり、南部における人種観も真似をする必要はなくても見逃されるべきだと、南部人以外の人びとをも説得してきたのだ。

しかし、それと同時に、かれらは専門の歴史家としては先駆者でもあり、南部における歴史研究への尊敬を高め、科学的な理想と方法を確立し、より論理的な歴史研究への地ならしをもしたのだ。じじつ、かれらの中には偏見を乗り越えようとした者もいたし、ときにはバセットのように、それに成功する者もいた。最も重要なのは、かれらが、他の人びとと同じような方法で歴史を書こうとすることで、他のアメリカ人が西部や北部について書くのと同様に、自分たちは南部について書いているアメリカ人なのだということを強調したかったことだ。また、かれらは、前の世代の歴史家たちとちがって、過去は取り返しのつかないもので過ぎ去ったことなのだと認めることができた。そして、未練はまだ残るというものの、自分たちは合衆国の一員なのだという現実をも認めざるをえなかった。したがって、かれらが、南部史に関する初めての大きな共同研究を世に出した時、『合衆国建国における南部』というタイトルをつけたのも意味のあることであった。

二五年以上前にバセットが死去して以来、彼の世代の歴史家が明言しつつも、完全には達成できなかった学問的客観性は、まさにゆっくりではあるが、着実に南部の歴史家のあいだで重要視されるようになってきた。また、この過程は、今の世代の歴史家によって、その進行が速められるようになってきた。それは、南部とその問題にたいする新しい国家的関心の高まりもあって、南部人が、自分たちの地域が国家の内部でいかなる地位を占めるのか、再考せざるをえなくなったからである。おそらく、近年のかれらの自己反省は、社会科学の進歩が明らかにした事実のおかげで、南部人が人種に関して長いあいだ抱いてきた見解は誤りだと、議論の余地なく証明されたことによるものでもあろう。南部的なものの見方に反するような判決が裁判所でいくつか下されたことも、歴史を再考することが緊急課題だと、かれらに認識させたと言える。結局、社会的、経済的な圧力が強まるにつれ、南部は自分自身を新たな目で見直さざるをえなくなったのだ。

自分たちの地域を再評価するさいに、南部が過去に注目したのは当然のことであった。南部というところは、歴史への畏敬の念が深く、過去がその大きな影を現在に落としているような地域であり、したがって、そこではその伝統を注意深く検討することなしには、地域全体を批判的に評価することはできないのである。南部を理解するうえで歴史学の果たす役割を広げるという意味では、ここ何年間ほど都合のよかった時期はない。学問としての歴史学は成熟して尊敬に値するものになり、以前のどの時代にも増して、歴史学における発見が大きな信頼をもって迎えられるだけでなく、幅広く受け入れられるようにもなった。地方や州の図書館、公文書館の施設が改善され、訓練されたスタッフが雇われたことで、研究調査の機会も非常に大きく開かれることになった。そして、最後に、精神的外傷が残るような一九世紀の体験を経ず、その影響も受けずにすんだ、新しい世代の研究者があらわれたのである。

南部の歴史研究は、南部の他の問題についての研究と同じような形で、全国的なものとなった。熱烈な白人奴隷制廃止論者ジョン・ブラウンをとくに弁護しようとも思わないような北部人が、今は南部研究に従事している。また、奴隷制度や熱烈な南部支持者を弁護するつもりのない南部人が、南部の新しい歴史に取り組む最も熱心な研究者であったりもする。劣等意識をもち合わせていない黒人たちも南部史のさまざまな問題を検討し、黒人だけでなく白人についても歴史叙述をしているのだ。

現代の歴史家が南部の過去を新しい観点から探るさいに、かれらはさまざまな問題を丹念に検討するわけだが、そこで取り扱われる問題の幅の広さには感嘆を覚える。それは、植民地時代の最も初期から現在まで、農業から工業まで、細かい政治・経済問題から複雑な社会・思想の発展まで、南部の過去の全般におよぶものである。歴史研究における新しい技術と資料を駆使して、今では、植民地時代の南部の奥地についてや、独立革命における南部の役割などが研究されている。また、歴史家は、細心の注意をもって南北戦争以前の南部の奴隷制度と社会構造について研究している。さらに、解放民局、黒人政治家、クー・クラックス・クラン、ユニオン・リーグなど、再建から生じたさまざまな事象も研究されている。公民権、選挙権剝奪、都市の発達、工業発展、労働運動の歴史なども関心の対象となっている。じじつ、南部史の重要な問題点や側面の中で、今日の歴史家の探索の目を逃れているものは、ほとんどないと言ってよいだろう。

考察の対象になる歴史的問題の幅の広さと同様に、強い感銘を受けるのは、歴史家自身のアプローチの方法である。かれらは、少なくとも常識程度の懐疑心と公正さを有しているようであり、数多い南部の神話を持続させてきた原因でもある、過度の先入観や、前もって仮定を立ててしまうような姿勢はもち合わせていないようである。また、かれらのほとんどは、何かを証明するとか、誰かの味方をするために南部の研究をしているわけではないようだ。これまで、南部史の真実を覆い隠し、非科学的で論争的なものにしてきた原因である、敵意のようなものも余り抱いてはいない。さらに、かれらは、南部がその独特な自然と地理、民族構成、歴史的体験などのおかげで、「南部らしさ」という特殊性をもっていることや、その妥当性をも認めているので、かれらのとるアプローチが、たんに偶像破壊的になるだけで終わってしまうこともほとんどない。かれらの中には、たんに南部の過去を許容するのではなく、南部を理解することに関心がある者もいるようだ。また、少なくとも何人かは、南部を非難したり、逆に弁護することが全く無用であることに気づいているようだ。それと同時に、かれらは、過去と現在の関係や、南部と他の地域の関係をより明確に理解しようという気持ちで南部史を批判的に検討し、分析することの価値に気づいているようでもある。

しかし、南部の歴史家すべてが、このような見解をもち、前述のような新しいアプローチで研究に取り組んでいると言ったなら、それは南部の史学史に、また別の神話を創り出すことになってしまうだろう。古い秩序に強いこだわりをもち、長いあいだ維持されてきた見方にとらわれている人も今だに残っていて、かれらは、南部における新しい歴史学研究の精神とは、かけ離れたところにいるのだ。しかし、このような人びとは、その数と影響力において減少しているようである。かつては多数派として権威をもっていたこれらの歴史家も、以前のバセットと同様に、世に受け入れられない叫びとなる日がまもなく来るであろう。

南部史の新しい研究は、すでに、南部にとって重要な成果を、広範囲にわたって数多くあげている。適度の懐疑心と絶ゆまぬ熱意、そして真に科学的なアプローチをもって研究に臨んだ結果、南部史の中で長いあいだ維持されてきた解釈の改訂を迫るような事実や解釈が生まれることも、しばしばである。この過程は、現在も進行中であるが、それでも、すでに重要な改訂がいくつか行なわれている。たとえば、南北戦争前の南部の社会構造に関する最近の研究により、南部白人の圧倒的大部分は奴隷所有者ではなく、奴隷を所有する希望も抱いていなかったことが明らかにされた。もちろん、この覆すことのできない事実といえども、歴史上の虚構、つまり、ほとんどすべての南部白人にとって奴隷制度が理想であったとする、より魅力的でおもしろい見方と闘いながら、少しずつ受け入れられてきたのだ。しかし、奴隷制度は南部の中でも、ごく限られた少数の集団を物質的に潤してきた制度であると南部の白人自身が気づくことで、かれらは、旧南部にあり、今は廃止された、あの「特殊な制度」を個人的に弁護する必要から解放されるだけでなく、奴隷制度の結果として生みだされ、現在も存在する白人優越の概念からも自由になることができるのだ。

また、別の最近の研究によれば、連邦軍のサムター要塞を救おうというリンカン大統領の試みにたいして、南部が武力をもって応じたのには理由がいくつかあるが、なによりも南部の古い伝統である個人主義のためであって、それが法を犯すところまで至ったのであり、また、南部人が軍事力の誇示を好むせいでもあると説明された。自分たちのもつ過度の人種差別意識が理由で、被害妄想のようなものを抱いていた南部人は、自らの軍事力を誇ることができたのも限られた期間で、拡張主義への熱意も短期間しか抑えることができず、結局は自分たちの感情を爆発させたのである。南部の歴史家は、これまで安易にも、この爆発の原因を省みることもなく、それを賛美してきたのだ。

それほど昔のことではないが、南部のある若手の白人歴史家が、南北戦争中に奴隷が自分の仕えている主人に忠誠を通すということは、通例ではなくてむしろ例外であったと、決定的に証明してみせた。さらに、最近では、戦争中に連邦軍側で戦った二〇万人近い黒人たちの果たした役割を、若手の黒人歴史家が詳細に描写してみせた。より多くの南部の白人が、これらの事実について学び、それらを受け入れるようになれば、かれらも黒人の見解や願望を理解することができるようになり、従来からあった「われわれは黒人のことを理解している」というような、白人の空虚な主張も減るようになるだろう。

近年、再建期の政治の腐敗は両人種にみられた傾向だけでなく、民主・共和の両政党にみられた現象だと、われわれは知るようになった。さらに最近では、南部白人が黒人とカーペットバガーズ〔北部生まれの共和党員〕を政権から追いやり、自分たちの州の「復権を果たした」後にも、再建期の政治腐敗は止まずに続いたという説が、説得力のある証拠とともに、南部の白人歴史家によって提示された。このようなことが歴史的事実として受け入れられれば、南部も再建期に関する見解を修正することができるようになるだろう。もし、南部人が、南部は他地域を非難しながら、じつは同じことを自分たち南部白人がやっていた事実に気がつけば、悪行と同じく誠実さは特定の人種や政党だけにみられる特質ではないこと、人間を評価するには人種や政党などよりも適切な規準があることにも、かれらは納得するかもしれない。

歴史的な概念というものが人間の心にどのような影響を与えてきたのか、誰にも確実にはわからないし、それが未来の人間社会にどのような影響をおよぼすかを正確に予想することは、誰にもできない。しかし、歴史の伝統は、これまで余りにも頻繁に人びとの態度や行動を支配してきたわけで、歴史が人間社会の形成に果たしてきた重要な役割を否定することはできないであろう。プロシア人はその歴史から軍事力の伝統を創り上げ、それがヨーロッパ情勢に一世紀以上にもわたって影響をおよぼしたのだ。また、アメリカ人に自国の美徳と運命に関して気味悪いほどの自賛の観念を与えたのは歴史であり、歴史的な根拠をもつ民主的な制度にたいして、国民が深い愛着を抱いてきたのも歴史の為せる業である。

しかし、南部ほど歴史学が崇拝され、興隆した地域は、合衆国には他にない。また、歴史の伝統がもたらす結果が南部ほど明確な地域もない。なにしろ、南部は自分自身のイメージをその歴史から引き出し、度重なる変化や挑戦にたいしても、その反応の多くは歴史的に規定されていたのだ。もし、これまで南部が先見性のない無茶な振舞いをしてきたとしても、それは南部の歴史そのものに責任があるわけではなく、むしろ南部の歴史家でさえも犠牲になったような歪んだ歴史的伝統概念にあるのであって、それを修正することができるのは南部人自身だけなのだ。

したがって、歴史に関する活動への人びとの惜しみない支持、歴史協会の活発な活動、歴史に関する豊富な出版物にみられるように、南部では現在も歴史への崇拝があることは幸運なことであろう。北部人も南部人も、黒人も白人も、歴史家は、みな、一八五〇年代のヤンシーたちや一八六〇年代から七〇年代の出来事によって作りだされた目隠しを、今まさに取り去ろうとしているのだ。

最近の研究によって明らかにされた南部の過去を、すべての南部人はじっくりと深く見つめるべきである。何故なら、それによって、南部という地域は常に南部であると同時にアメリカでもあり、南部人は自分たちの悪を美徳にしてしまうことで悲劇を招いたことがわかるからだ。南部がこれまでの自地域の真の歴史を理解した時はじめて、偽りの歴史によって長いあいだ培われてきた、致命的とも言える態度や慣習を捨て去り、白分自身を理解し、自らのもつ南部的な部分とアメリカ的な部分の価値を評価し、それを維持することができるのだ。

第二章

アメリカ黒人学者のディレンマ

エスニック集団ないし何らかの特別な集団に属する学者が直面する問題は、合衆国の一般の学者につきまとう問題を踏まえて検討されなければならない。アメリカでは、コミュニティーや国家のレベルで学者が果たす役割は、常に限られたものでしかなかった。実際、学者の役割というのは、この国の歴史によって、むしろ慎重に枠づけられてきたとも言えよう。知的な世界とはおよそ縁の遠い問題で明け暮れていた社会において、学者をどう有効に活用できるかということは、これまでもさんざん問題になってきた。博識や批評眼は、森林を切り開いたり、フロンティアへの道を開いたり、荒野で生活したりするうえでは何の役にも立たないということが、当初から言われていた。知的な活動は、コミュニティーの道徳的・宗教的生活を守り、導くことを本職とする人びとだけのものとされていたのである。そのうえ、建国初期には、そのような精神的営みは生活の他の営みから切り離しておけるという意識が広範にあった。一方、コミュニティーの一般の人びとは、遥か彼方のロンドンやパリ、あるいは最寄りの町で花開いているかもしれない学問研究の偉大な世界のことなどは気にもかけず、知らないなりに気楽で幸せな日々を送ることができるだろうと思われていた。

このような幸せは虚構にすぎなかったのだが、アメリカ人はこれを信じたがっていた。しかし、知的営為に専念した人びとは、コミュニティー側のそのような対応にもかかわらず、結局はそこでの力となったのである。学問にたいする尊敬や関心の欠如といった状況は、紛争のような緊急事態にあっては姿を消し、すでにとられた行動のイデオロギー的な正当化と合理化が求められた。それ故、愛国者たちが独立のために戦っているときには、学者たちは論客や扇動家の救援の任にあたり、ロック、ヒューム、ディッキンソン、ジェファソンといった名前は、とうてい学問があるとはおもえない人びとのあいだでも、普通の言葉となった。アメリカ人の態度を特徴づけることとなる、この独特の二重意識が顕在化したのは、このような局面においてだった。一方では、学者や真面目にものを考える人びとというのは、露骨に軽蔑されることはなかったにせよ、尊敬されることもほとんどなかった。他方、学究的生活に身を捧げている人の才能や能力の必要性は認められていて、すでにとるべき行動を決めている人びとの立場を補強するためであれば、積極的に求められもしたのである。

その当時から現在まで、アメリカ社会での学者や知識人の役割の重要性は、常にいくらかは認められてきた。しかし、えてして、それはしぶしぶながら認められたものだったし、政策の考案や決定にさいしての学者の影響力の浸透については、認識さえされなかったといってよいだろう。ともすると、こうした影響力は無視され、理論化などというものは実務に疎い人の暇つぶしだとみられがちだった。動きまわり、活動し、仕事をこなしている人びとには、象牙の塔から漂ってくる幻想にふける時間などないというわけである。このような態度のせいで、アメリカ人が知性的でないとか、または反知性的であるとさえ言われても、それは余り意に介されないようだ。それよりも、実際的で現実的だと思われ、そのことで一目おかれる方が好まれるのである。われわれの憲法は、つまるところ、実用的で役に立つ文書である。われわれの経済は、資源を開発し、効果的で効率的な生産の方法を発展させる、実利的なアプローチを反映している。ここでは社会の体制や制度までもが、われわれの実用主義的な志向を証明しているのである。しかしながら、度量の大きい人びとなら、計り知れないほどの学識が憲法起草に凝集していることや、技術者や実業家だけでなく理論家もこの国の経済を現在のようなものにするのに貢献したこと、また、われわれが誇る社会体制や制度の形成にも多くの学者がかかわってきたことを認めるのにやぶさかでないだろう。

重要な点は、望むと望まざるとにかかわらず、アメリカの学者はアメリカ社会の本流に抗しがたく引き込まれ、国家が直面した大きな問題の解決に知識と独創性をもって貢献してきたということである。ジョナサン・エドワーズの『意志の自由』は、彼の学識の粋を良かれ悪しかれ究めたもので、基本的には、押し寄せる変革の流れに抗して古い宗教的諸制度の統一を守ろうとするものだった。トマス・ジェファソンは、一八世紀の政治理論を深く研究していたが、この分野での彼の学識が最も顕著に示されたのは、実用主義という点では、ならぶもののない独立宣言においてである。人類の知的資源や力量についての注目すべき理論を提示したラルフ・ウォルド・エマソンの『アメリカの学者』でさえも、じつはアメリカの知的独立宣言であり、アメリカの知的生活の完成のために学者たちが無知との闘いに立ち上がるよう呼びかけたものだった。

近年になっても、事態は基本的には変わっていない。アメリカ合衆国大統領をつとめながら、議会制民主主義政府についての自らの理論の適用を試みたのは、元プリンストン大学教授のウッドロー・ウィルソンだった。ウィリアムズ・カレッジのジェームズ・マグレガー・バーンズは、ジョン・F・ケネディの生涯を描いて、それまで売り込み的だった伝記著作に新たに学問領域としての道を切り開いた。この国の産業界を綿密かつ刺激的に観察したのは、ハーヴァード大学の経済学部長という孤高の座を降りたジョン・ケネス・ガルブレイスだった。これらの人びとを含むたくさんの学者たちは、ディレンマ——つまり、自らの専門分野での理論的な問題の究明をすることで満足するか、それとも人類が抱える基本的な問題に取り組むかというディレンマ——に直面すると、その課題から逃れることはできないと考え、恐れることなく、毅然とした態度で自らの学識を適用し、そのディレンマを克服した。このようにして、かれらはアメリカの学問に意味と実質と意義を付与してきたのである。

われわれは、このような経緯と文脈の中で、アメリカの黒人学者がおかれている立場を検討しなければならない。かれらが抱えるディレンマと問題は多く、しかも複雑である。なによりも、黒人学者は、自分が学者であることを立証しなければならず、学問の世界でなんとか認められるように努めなければならなかった。これは、単純な、なまやさしい課題ではなかった。それと言うのも、アメリカにおいては、学問の重要性が主張されるようになったまさにその時に、黒人に学問をする能力があることを学者たちが認めていなかったからである。一般のアメリカ人はおろか、白人と黒人の政治的平等を唱えていた人びとでさえ、黒人には、どんな黒人であれ、抽象的思考や具体的思考をする能力、あるいは、他の人びとが生み出した思考を受容する能力がないと考えていた。一九世紀末になっても、労働界であれ実業界であれ、また、聖職者であれ政治家であれ、文筆家であれ学者であれ、黒人がアメリカで学者という選ばれた人びとに仲間入りできると考えた白人を見つけるのは難しかった。

黒人は、それ故、まず第一に、かれらが学問の世界で認められることは決してないとする、アメリカ社会の圧力や人びとと闘わなければならなかった。プランテーション的伝統の擁護者で白人の優越性を唱えるトマス・ネルソン・ペイジは、「黒人に今まで進歩がみられないのは、奴隷だったからではなく、そこから身を起こすだけの才覚をもち合わせていないからである。黒人は文明を発達させてきたどの人種とくらべても、それと匹敵するだけの才能を発揮してこなかったし、自ら進歩するという能力もまだ示していない」と、主張した。のちにアメリカ合衆国大統領になるセオドア・ローズヴェルトは、一八九五年、「愚かな人種ともなると、決して高い段階に到達することはできないものだ。たとえば、黒人は、ほかでもなくまさに知的発達が欠けているために、低い地位に押しとどめられてきたのである」と論じた。二〇世紀初頭に最も評判の高かった雑誌――『アトランティック』『ハーパーズ』『スクリブナーズ』『センチュリー』『ノースアメリカン・レヴュー』など――のページを繰ってみると、同じような論調がそれらの掲載論文に浸透していたことがわかるだろう。そこでは、実業教育や職業教育こそが黒人にはふさわしいのだと論じられていた。黒人は子どもっぽく、単純で、無責任で知的に劣っているとされていたのである。どこを見てもその状況は同じだった。

一九世紀から二〇世紀にかけての世紀転換期に、学者になりたいという大志を抱いた黒人は、自分自身や自分の能力への確信や信頼の片鱗でも、どこかに示されていはしまいかとあたりを見回した時、心を砕かれ、絶望に狂わんばかりの気持ちを味わったに違いない。そのため、自分自身に確信をもてなくなったとしても、それは無理もないことだったろう。それというのも、白人が優れているとの見方や、黒人の社会的地位の低さを正当化する社会ダーウィン主義や、かれらを社会的にも知的にも、さらに低くとどめおこうとする法的・政治的な策略によって、黒人は完全に、またほとんど拭いがたいまでに洗脳されてきたからである。しかし、大志を抱いた黒人学者は自分を疑うことをしなかった。そして、自分を知的に劣っているという人びとのほうが間違っていることを明らかにするために、もてる力のすべてを注ぎ込んで、名誉を傷つける人びとに立ち向かったのである。一八八八年に、黒人のウィリアム・T・アレグザンダーは、黒人が他のどの人種にも劣らない知的能力をもっていることを立証するために、一冊の大著を出版した。「それぞれの人種の血を綿密に調べたところ、いささかの違いも見出されなかった。したがって、胸に抱く大志においても、心に感ずる衝動においても、われわれは、みな、ひとつの家族であり、人もしくはある民族をよりいっそう高める教育によって、精神の発達に違いがもたらされるだけである。高貴な諸特性は、黒人にも白人と同じだけ備わっているのである」と、彼は雄弁に述べたが、その努力も時代を考えると徒労でしかなかった。

アレグザンダーと、同時代に生きた多くの人びとは、それぞれディレンマに直面し、かれらなりの選択をした。かれらは黒人が劣っているという主張と闘わざるをえなかった。かれらは、黒人が先人の思想を理解して自分のものとし、さらに、人類の知識の蓄積に貢献する力もあることを証明しなければならなかった。かれらの議論は直截簡明だった。それは、あたかも、白人が黒人は数をかぞえることができないと言うのにたいして、その反証として一から十まで数えてみせるようなものだった。かれらの知的洞察力を示す、巧みでより洗練された方法もあったが、それをかれらが考えついたとしても、そのような方法は、そもそも事実や根拠に基づかない議論をしている人びとには何の効果もないことを、かれらは自覚していたにちがいない。

黒人が劣っているという人びとにたいして、「私は、本当に、劣ってはいない」と言い返すのは、黒人学者にとって、きわめて虚しい経験だったことだろう。そのようなやりとりをしていると、思う存分知識を追求したいと思っても、その時間が奪われてしまうからである。ギリシア文学の一流の研究者だったW・H・クログマンにとって、自分の専門分野の研究を断念して『人種の進歩』という本を書くことが何を意味したかを想像してみるといい。専門の医学の研究と医師としての仕事を、一時的にせよ投げうって、『アメリカ文明における黒人』という本を書いた、高名な黒人医師C・V・ローマンの焦燥を考えてみてほしい。自らの専門分野での研究を犠牲にして、『黒人の天才』をはじめ、黒人の知的能力を強調する数々の著作を書いた黒人英文学研究者ベンジャミン・ブロウリーは、いったいどのような気持ちだったのだろう。非常に有能で、本格的な訓練も受けていた黒人の科学者ジュリアン・ルイスが、生涯で一番良い仕事ができたはずの数年間を『黒人の生物学』という本を書くのに費やさなければならないと感じたために、生物科学の分野はどれだけ損失をこうむったことか。

そのうえ、多くの黒人学者は伝統的な学問分野のどれにも、決して入ることがなかった。かれらは、化学者、地理学者、随筆家、批評家、音楽学者、社会学者、歴史家などになっていたかもしれない。しかし、実際は、決してそうではなかった。かれらは知的な営為に目覚めた瞬間から、例外なく、否応なしに、黒人研究として知られるようになった分野に引きずり込まれたのである。この中で、かれらは、黒人への態度においては、あからさまな人種主義者と変わりなかった不寛容で悪意に満ちた白人学者の攻撃から、隔離された場所で身を守ることができた。ある意味では、かれらは、自分たち自身と自分たちが属する人種についての諸問題に、客観的に、また学問的に取り組むことを通して、自らの専門家としての地位を確立したにとどまらず、かれらが生み出した黒人研究という分野そのものの内容を深め、価値あるものとしたのである。

W・E・B・デュボイス、カーター・G・ウッドソン、アラン・L・ロックという、三人の黒人学者の経歴は、二〇世紀前半の黒人による学問の歴史を凝縮したものと言えよう。この三人は、みな、十全な訓練を受け、ハーヴァード大学で博士号を取得していた。ハーヴァード大学歴史研究双書の第一巻となった博士論文の執筆後、デュボイスは自ら草分け的業績をうちたてた、アフリカ奴隷貿易の禁止という領域から、黒人問題のさまざまな側面を扱っているだけでなく、社会科学と人文科学の多くの領域にわたる一連の研究に取り組んでいった。彼は、現代社会学研究の著作『フィラデルフィアの黒人』をまとめ、社会科学分野での先駆的業績と言われているアトランタ大学の『黒人問題研究』シリーズの編集に携わった。彼は、また黒人問題の解決についてのさまざまなアプローチを批判的に検討した『黒人の魂』、アフリカと新世界における黒人の歴史を描いた『黒人の過去と現在』、南北戦争後の数年間に黒人が果たした役割を論じた『黒人による再建』をはじめとして、文字どおり、数十冊におよぶ著作を世に問うた。九四歳の時に、彼は、黒人の経験を描いた三巻にわたる叙事詩的小説『マンサードの試練』を書き上げた。

ウッドソンの最初の学問的著作である『ヴァージニアの崩壊』は、どちらかと言えば概論風のものだった。しかしながら、彼は、まもなく、黒人問題についての系統的な研究に取りかかった。そして、『一八六〇年以前の黒人教育』、自由黒人についての一連の研究、『黒人の移住の世紀』『黒人教会の歴史』『わが国の歴史における黒人』『アフリカ的背景の概略』などの著作を次々に発表し、他にも多数の書物を執筆した。一九一五年に、彼は、黒人の生活・歴史研究協会を組織し、まもなく、のちにアメリカ合衆国の主要な歴史研究刊行物のひとつとなった『黒人史ジャーナル』の編集長になった。

アラン・ロックの経歴は、いくつか重要な点でデュボイスやウッドソンとは異なっていた。彼はハーヴァード・カレッジを優等で卒業し、ファイ・ベータ・カッパ〔という、男子学生の友愛団体のひとつ〕のメンバーにも選ばれていた。彼はオックスフォード大学のロード奨学生となり、のちにはベルリン大学で学んだ。哲学の分野で専門的訓練を受けた彼は、まもなく、のちに「ニグロ・ルネッサンス」として知られるようになった文芸運動にかかわるようになる。彼は、価値論と文化的多元主義についての学問的関心を抱き続けてはいたが、新しい黒人の地位と大志を標榜する強力な立役者となった。それ故、彼の『新しい黒人――ひとつの解釈』『芸術における黒人』『黒人の人生の戯曲』は、「価値と義務」「倫理と文化」「文化相対主義の三つの系列」などの哲学での業績の影を薄くするものとなってしまった。そして、一九二五年以降は、彼が純哲学的な問題に関心を向けることはほとんどなかった。

この三人の人物やその他の人びとにくらべると余り目立ちはしなかったが、かれらの影響を受けた人びとの中から、黒人についてのある側面の研究だけに専念する多くの黒人学者が現われた。しばらくすると、いくつかの領域が形をなしてきた。黒人の歴史、黒人の文化人類学、黒人の社会学、黒人詩、黒人小説、黒人短編小説、等々である。

この方向に突き進む中で、黒人学者は何をしたか。かれらは、悲しいかな、黒人学の学会を設立したのである。その他の黒人たちが人種隔離の犠牲になったのと全く同じように、かれらも人種隔離の犠牲となってしまった。黒人新聞、黒人教会、黒人ビジネス、黒人教育などという分野に加えて、黒人の学問という分野ができたのである。黒人学者がその状況を自ら作ったとは言い切れないが、不幸なことに、その存続にかれらの利害が深くかかわるようになってしまった。アメリカの学術研究の分野で、かれらが確保していたのはそれだけだった。この黒人研究の分野は尊敬を受けるようにもなったが、それは多くの黒人学者の研究成果に非のうちどころがなかったからだけでなく、多くの白人たちが、黒人には黒人自身や黒人の抱える問題について研究するのにふさわしい特異な才能があるということを不本意ながらも認めたからだった。しかし、これを是認することは、学問研究の基本原理——すなわち、研究対象と学問研究の技術と知的能力があれば、誰でも、どの研究分野であっても、研究をすることができるという原理——にそむくことだった。

これは悲劇だった。黒人の学問そのものが人種主義で行き詰まってしまった。この学問は分離主義や人種隔離の原理に取り込まれてしまった。このことは、黒人霊歌には「秘技」があって、それを歌うには肌が黒くなくてはならないと唱えるのと同じように、黒人研究には「秘技」があるのだという見方の犠牲となった。これはもう学問といえるものではなかった。これは、むしろ民俗伝承の世界であり、呪術の世界であった。

この悲しい結末の責任を、黒人学者に負わせることはできないだろう。かれらは誠実に行動してきたのであり、正統的なアメリカの学問研究の道を歩んできたのである。アメリカの学問というのは、常に実用的で、現実の要請に堅固に基礎づけられてきた。デュボイスとウッドソンとロックは、ジョナサン・エドワーズやトマス・ジェファソンと同じ伝統に立っていた。広大な人跡未踏の地が眼前には広がっていた。アメリカの生活と諸制度を描き上げるためには、とにかくそこを探検する必要があった。動員できる最良の、最も有能な頭脳を問題解決に立ち向かわせる機会が開かれていた。その領域が黒人で、その主体も黒人だったことは、客観的な研究のあずかり知ることではない、いわば偶然の典型だった。もし、ジョナサン・エドワーズやトマス・ジェファソンがいなかったら、どのようなことになっていただろうかと思案するのと同じように、もし、デュボイスやウッドソンやロックがいなかったら、どうなっていただろうと人は考えるだろう。デュボイスは帝国主義や植民地の歴史、あるいは文芸批評の道に進むこともあり得ただろう。ロックは価値や審美学の指導的権威になっていたかもしれない。かれらは、アメリカの学問研究の主流において認められていたかもしれないし、そうではなかったかもしれない。かれらの前にはディレンマが横たわっており、かれらの選択は明白だった。かれらの選択のせいで、アメリカの学問研究が犠牲になったとは、われわれは言うべきではないだろう。とはいえ、われわれは、これらの黒人学者たちが、実際にかれらがした選択をしなければならないと感じていたこと自体が悲劇的であり、アメリカ社会の状況を物語るものであると言うことはできる。もしも、かれらが異なった状況におかれていて、知的にも社会的にも自由な雰囲気の中で生きていた自由なアメリカ人だったとしたら、かれらが別の選択をするということも大いにありえただろう。しかし、かれらが実際にこのような選択をしたからには、何者もかれらの貢献をおとしめたり、その貢献から人びとの目をそらせたりすることはできないのである。

しかしながら、黒人研究の道を歩まずに、もし学問で名を上げることができるものなら、アメリカの学問研究の本流ともいうべきところで、そうしたいと望んだ黒人学者もいた。一八七五年に、W・S・スカーボロウがギリシア語とラテン語の学位を取得してオベリン大学を卒業した時には、黒人にとってふさわしい唯一の仕事は職業訓練の分野であるというのが一般的な見方だった。スカーボロウはそのような道は選ばず、黒人研究の専門家になるという誘惑にも屈しなかった。一八八一年に、彼は『ギリシア語の初歩』を刊行し、数年後には『アリストファーネス——解釈試論』を発表した。その後、彼はリビウスの著作の第二一巻と第二二巻を英訳し、ギリシア語とラテン語についての数々の著作を出版し、サンスクリット語、ゴート語、リトアニア語、古スラブ語の優れた研究者になった。しかし、アメリカの学界には、彼は受け入れられなかった。学生のほとんどが黒人のハワード大学でさえ、理事会の白人メンバーらが古典言語の講座は白人に限るという立場をとっていたため、彼を教授に迎えることができなかったのである。その三世代後の、ウィリアム・A・ヒントンは、アメリカにおける最も有名な梅毒研究者で、彼の発見はこの恐るべき社会病の診断と治療の技術に革命をもたらしたのだが、彼の運命もさして変わらなかった。目ざましい業績をあげたにもかかわらず、彼はハーヴァード大学の医学部で、授業を受け持たない臨床講師を長いあいだ、つとめなければならなかった。退職も間近になり、第二次世界大戦後のアメリカ社会で黒人の地位が顕著に変化する頃になるまで、ヒントンは教授職に昇進できなかった。スカーボロウとヒントンは、拳骨がすり減るほどアメリカの学界の扉をたたき続けた。扉が開かれた時は、いつでも不承不承のことだったし、開かれた隙間もほんの僅かだったので、そこに入ることはまだほとんど不可能に近かった。

この国で白人と黒人を隔てる大きなギャップは、白人であれ黒人であれ、学者の仕事によっては埋められてこなかった。実際、学界そのものが、ほとんどの場合、他の世界と同様に仕切られてきたのである。アメリカの一般の学界メンバーとなった黒人は、まだ指折り数えるほどしかいない。黒人大学ではないアメリカの高等教育機関で教授職についている黒人は情ないほど少ない。白人と黒人という二つの世界のコミュニケーションの回路は僅かしかなく、それもほとんど使われていない。つまり、アメリカにおける学界は、一般社会での人種関係の状態を投影しているのである。学界は一般社会よりは一、二歩先んじているかもしれない。しかし、アメリカ流のやり方ともいうべき活力とプラグマティズムは、ほかならぬこのきわめて重要な分野においては欠けている。黒人学者はラルフ・エリソンの「見えない人」と同じような立場におかれている。ジェームズ・ボールドウィン流に言えば、かれらは「人びとの精神の中にある幻想」なのである。かれらが記憶にとどめられることがあったとしても、それはたいてい遅すぎて間に合わない後思案としてである。業績が認められる場合も、黒人のした仕事として指摘されるのが常である。かれらは有能な黒人社会学者であり、実力のある黒人経済学者であり、また、傑出した黒人歴史家である。そのような認識の仕方というのは、モントゴメリー空港の黒人用手洗いがそうであったのと同じ人種主義的心性の産物なのである。デュボイスが次のように言わざるを得なかったのは、アメリカの学界がこのように人種主義的であることを知り、孤立を感じたからだった。「私はシェークスピアと座っているが、彼はたじろいだりはしない。人種の境を超えて、私はバルザックや大デュマと腕を組んで歩く。そこでは微笑んでいる男たちと喜んで迎えてくれる女たちが、金箔をはった大広間を滑るように歩いている。くっきりとした縁に囲まれた地球と編目細工のような星々のあいだで揺れている夜の洞窟から出て、私はアリストテレスやマルクス・アウレリウスなどの人びとの魂を呼び招く。かれらは見下す様子もなく、恩着せがましい態度もとらずに、きわめて愛想よくやって来てくれる。そうだ、私は人種を隔てるヴェールを超越したところで生きて、真理に身を捧げるのだ。おお、勇武の騎士らしいアメリカよ、この生を汝は妬んでいるのか。この生を汝はジョージア州の、ものうげで血生臭い醜悪さに変えようと思い焦がれているのか。ペリシテ人とパリサイ人のあいだにあって、この高いピスカの山からじっと見つめるわれわれが、約束の地を見い出すのではないかと、汝はそんなに恐れているのか。」

学者の人生などというのは、いくらひいき目にみても、孤独なものである。真理を探究するうえで、自ら見出したことに審判を下さなければならないし、導きだした結論には責任を負って生きなければならない。黒人学者の世界は筆舌に尽くしがたいほど孤独である。しかも、真理を求めてその孤独な道を歩まなければならないと同時に、黒人学者の存在などほとんど気にもかけないような人びとの普遍的な基準に即して、自らの結論を認められるものとしなければならないのである。所蔵の史料を使う能力が黒人にあるなどとは考えることもできない人びとが運営している南部の公文書館で、リサーチをしようとする黒人歴史研究者がどんな目にあうかを想像してみてほしい。私が初めてノースカロライナ州の州立公文書・歴史館を訪ねた時のことは、今でもはっきり思い出すことができる。そこの館長はイェール大学で歴史学の博士号をとった人だった。私が姿を見せるや、職員たちはパニック状態になり、まるで緊急事態が起こったかのようだった。そのこと自体が、じつは、歴史的な重みをもっているのである。公文書係員は、率直に、私がその施設を使おうとした最初の黒人であり、その建物を設計した建築家はこのような事態を全く予想していなかったので、手書きの文書やその他の史料を使えるようになるまでには数日間かかるだろうと話してくれた。その間に、展示室のひとつを私のための読書室に改装するというのである。これだけでも相当にショッキングなことだったが、アラバマ州の公文書館の女性館長が、私が「ハーヴァード出の黒ん坊」(彼女がこう言ったのである)なのに、南部のレディーにたいして礼儀正しく振舞う能力をもち合わせているのがわかって、彼女の方がショックを受けたと言った時の滑稽さとはくらべようもない。彼女はそれを、ヤンキーの地に行く前に私がテネシーで、(かつてアフリカの人びとが、合衆国で売られる前にカリブ諸島などで奴隷制度への適応準備期間を過ごさせられたように、)「馴らし」の期間を経たからこそだと納得したようだった。

それから何年も経った、一九五一年のことである。私が、国会図書館で仕事をしていた時、親友の一人である白人歴史家が、ある金曜日の午後、私の研究室を訪ねてきて、翌日、昼食を一緒に食べないかと誘ってくれた。私は、翌日が土曜日で、最高裁判所のレストランが閉まっているので、二人で一緒に食事ができるところが近くにはないことを彼にわかってもらわなければならなかった。(これは一九五三年四月のトンプソン・レストラン判決〔正式にはジョン・R・トンプソン社対コロンビア特別地区事件〕の前のことである。この判決によって、首府ワシントンのレストランでは作法をわきまえた人なら誰でも食事ができることとなった。)友人は、私がよく土曜日に国会図書館で仕事をすることを知っていて、そういう時の食事はどうしているのかと尋ねた。私は、彼に土曜日もたいてい国会図書館でリサーチと執筆をしているが、いつもとは段取りが少し違うと答えた。土曜日は、遅い朝食をたっぷり家でとってから図書館に来て、昼食の時間には家から持ってきた果物かキャンディーを食べ、空腹が我慢できなくなったら帰って早めの夕食をとるのだと話したのである。これにたいし、彼は、もし彼が黒人で、学者であるためにこのような犠牲を払わなければならず、こんなにも不便な生活を強いられるならば、学者になったかどうか疑わしいとだけ言った。私は、真理を探究している黒人学者にとっては、ワシントンで食べ物を捜すときの不都合など、とるに足りないことのひとつだということをつけ加えた。

　これらの出来事が示しているのは、物理的に不都合を被るという困難だけでなく、まず第一に、学者であり続けようとしてひたすら励むことのディレンマであり、第二に、冷静さ、公平さ、客観性という厳格な要求に忠実であろうとする学者としてのディレンマである。最初のディレンマについては、黒人である真の学者のなし得る選択は、黒人の真の画家や音楽家や小説家と全く変わらない。もし、かれらが、批評家や社会学者や経済学者や歴史家などとして学問の世界に専念しているのだとしたら、自らの分野で真理を追求しなければならない。つまり、自分の仕事に励まなければならないのである。というのも、学問研究というものは、どんな分野であれ、知的な営みがそうであるように、真の献身と専心を要求するからである。私の白人歴史家の友人は逃げ出すかもしれないと言ったが、黒人学者は、逃げだそうとしても、自ら選んだ分野で自分の大志を全うしたいという衝動に駆り立てられるだろう。それ以外には何をやっても満たされることはないのである。もしも、自分の分野から逃げだしても実際に満足を得られるとしたら、それはそもそも初めから、専心や献身などなかったのである。したがって、黒人の真の学者には、自分の分野に踏みとどまり、根気強く続け、やり抜くという選択しかない。

　しかし、黒人学者をアメリカの学問研究の主流のメンバーとは認めず、黒人には立派な業績をあげることなどできないと決めているような圧力に抗して、あくまでも平静で客観的であろうとするのは、じつに大変なことである。自分の学問を、つまらない論争や罵詈雑言で堕落させるような誘惑はいつも身辺につきまとっている。もしも、自分の研究関心が、黒人として個人的にも関係のある大きな問題にかかわっていたとしたら、なおのことである。もし、この魅惑的な誘惑に負けてしまったとしたら、それがただ一度のことであっても、学者としての影響力を台無しにし、真の尊敬すべき学者としての信用を失うことになりかねない。肝に命じておくべきことは、学問研究の最高の水準を維持することによってこそ、黒人学者は尊敬に値する存在となるだけでなく、その分野での権威を自認する人びと自身が実践していないような模範を示すことになるということである。

自らの尊厳と自尊心を砕こうとする勢力にたいして、動ぜず無視せよと黒人学者に言うのは、もちろん、余りに過大な要求である。したがって、自分自身と自分が属する集団の人びとを、アメリカの社会秩序の中に受け入れられ、尊敬されるような地位に向上させるために、かれらが活力と能力の限りを尽くして精力的に活動することは認められるべきだろう。ここでは、当然、学問研究と支援活動が区別されなければならない。一方では、黒人学者は、黒人の知能や特性や、犯罪を犯しやすいといわれている性癖についての、えせ心理学者や社会学者の見方を正すために、自らの学問を生かさなければならない。また、この国の歴史を書き直さなければならないし、その歴史の中で黒人が果たした役割について記述されてきたことの誤りや偽りを正さなければならない。社会問題の解決に携わっている人びとにたいしては、黒人ゲットーの実態や、黒人が生活のあらゆる局面で陰に陽に被っている差別、それに、アメリカ社会において黒人を従属的な地位に押しとどめるために用いられ、また悪用されてきた、政治的・経済的権力などについての事実を提示しなければならない。学問との区別を踏まえたうえでなら、立場の鮮明な支援活動に黒人学者が出る幕もある。不正を正すための熱心な支援活動の中で客観的なデータを使うことが重要だとわかれば、黒人は自分自身のためにもコミュニティーのためにも、この副次的な役割を引き受けることができる。公立学校における人種隔離廃止を求めた一九五四年のブラウン訴訟で全国黒人向上協会が使う弁論趣意書のために、私が初めて書類を作成した時、主任弁護士のサーグッド・マーシャルに法律家が書いた趣意書のようだと言われて、とてもうれしかったのを覚えている。私は、熟慮の末、歴史研究に裏づけられた客観的データを正義を求める緊急を要する申し立てに変えた。そして、私の学問がそれによって損なわれなかったことを願ったのである。

そのような機会に恵まれない場合には、学問研究を感情で損なわないようにするもうひとつの方法がある。文芸活動によって、うっぷんを晴らすのである。二、三の例を挙げよう。数年前、アトランタの人種別に隔離された駅の待合室で待っていた時のことである。私は、黒人客にたいする駅員と市警察官の野蛮な扱いに屈辱を感じ、穏やかな気持ちではいられなくなったので、すぐに座って「アトランタの流民」という小品を書き上げた。その中で、私は、これらの黒人たちの処遇と第二次大戦中にナチスに占領された地域で難民となった人びとが受けた処遇とを比較したのだった。それを書き上げると、私はやっと落ち着きを取り戻し、アトランタ大学に行って、依頼されていた数回の講演をすることができた。

これとはまた別の時にも、私は、とくに学問的とは言えない執筆活動に携わったことがある。それは、私が書いたということを隠すこともあるまいと思える出来だった。一九五九年、私はシカゴ歴史学協会でリンカン生誕一五〇年を記念する講演をするよう招かれていた。往路、私は夕食をとろうと、混み始める時間よりも前に食堂車に行った。まだ、すいていたので、私は四人がけの良い席を選んで座ることができた。しばらくすると、食堂車は満員となり、入口ではたくさんの人びとが行列をつくって待っていた。一人の人もいれば、二人や四人のグループの人もいた。そのうちの誰一人として、相い席で私のテーブルにつこうとする者はいなかったので、私は、一時間近く、一人でゆっくりと過ごせた。私に近いテーブルの席が空いて、そこにも人が座るようになると、かれらがウェイターに何を注文したか、また相い席になった者同士でどんな会話をしているかが耳に入ってきた。私は客席に戻ると、「かれらは、みな魚を注文した」と題する小品をしたためた。おわかりのことと思うが、その日は「灰の水曜日」で、食堂車に来ていたキリスト教徒の紳士淑女たちは、かれらの主、イエス・キリストの苦難を偲ぶための四〇日間を迎えたところだったのだ。「アトランタの流民」にしても、「かれらは、みな魚を注文した」にしても、刊行はされなかった。これらは、ディレンマを分かちもっていたある黒人学者の未収録論文となっている。

本当の気持ちをこのように押え込んでしまうことは、人によっては納得のいくことではないだろうし、意気地がないことかもしれない。私は、これを人に勧めているわけではない。ただ、自分の場合を告白しているのである。間違いなく、これは、ディレンマに直面して、黒人学者なら誰もが遅かれ早かれ決断しなければならない痛ましい思いの一時しのぎにすぎない。黒人学者にとって重要な選択は、社会に背を向け、「見えない人」を演じ、残酷な孤立から受けた傷を癒す道を選ぶのか、それとも、自らをアメリカの社会生活と学問の本流から隔てる壁を打ち壊すために、受けてきた訓練や、才能や、能力を使う道を選ぶのか、ということである。この問題のたて方自体が、答えを用意しているようにみえる。私は、アメリカの学者たちは、アメリカの社会生活の本流に抗しがたく引き込まれてきて、もてる知識や才能をこの国が直面している大きな問題の解決のために捧げてきたと述べた。ここで、私は、次のように断言したいと思う。アメリカの黒人学者にとって正しい選択は、真の愛国者ならアメリカ人が、みな、ひとしく直面している問題を解決するために貢献するのと同じように、自らの知識、独創性、能力や才能を、自分や黒人全体を孤立させている勢力と闘うために使うことである。

これは、黒人の展望として、新しいものでも途方もないことでもない。黒人は、祖国が敵と死闘を繰り広げている時は、祖国防衛に加勢する権利を闘い取らなければならなかった。有権者としての義務を果たす権利も闘い取らなければならなかった。また、あるコミュニティーを良くするのを助けるために、そのコミュニティーに住む権利をも闘い取らなければならなかった。こうした事態は、教育であれ、雇用であれ、娯楽であれ、学問であれ、どこを見回しても同じである。したがって、自らが追求する道を、真理と正義のための闘争の場とすることを選ぶならば、それは黒人学者にとっては、誇るべき仲間の一員となることを意味するのである。一方では、かれらは民主主義を実現しようとしている同じ黒人の仲間たちに加わる。他方、かれらは、人種にかかわらず、学問研究の同僚たちに加わって、国民の知的資源を社会の発展のために活用するという意義ある課題に取り組む。これ以上幸せな選択はないだろう。行く手には未知の困難が待ち受けているとしても、これより幸せな成功の展望はあり得ないだろう。

第三章

二つの人種世界——歴史的見解

一般的な尺度をもってすれば、合衆国の歴史は、たしかに長いものとは言えない。だが、植民地時代を含めても、三世紀半という短い期間に、この国では二つの人種が仕切られた世界に別々に住むという因習と偏見ができあがり、現代に至るまでそれが続いている。一六一九年に、アフリカ人がイギリス領アメリカ植民地に年季奉公人として連れてこられた時から、人種の違いに基づいて、ある人びとに特定の労働を強制することが合理化され、正当化されてきた。奴隷制度が法的に廃止されたあとも、この人種の違いという観念は根づよく残り、人種の隔離や差別の温床となった。しかし、これと並行して、新たな社会を作るためのより健全な基盤を築こうという努力もなされるようになり、人種によって隔てられた世界を維持しようとする側と、平等と完全な友愛の世界を築こうとする側とのあいだで、絶え間ない抗争が繰り広げられるようになった。

アメリカ独立革命が始まるまでの一世紀のあいだに、イギリス領植民地の黒人の地位は、一定の期間だけ不自由な身分とされていた年季奉公人よりも、さらに一段、低いものとされた。一八世紀の中葉には、他の人びとには与えられた基本的な権利を黒人には認めないとする法律が制定され、黒人を拘束するようになっていた。かれらは自分の考えをもつことが許されなかったばかりか、資質をのばす機会も、自由に礼拝する機会も与えられず、結婚して家庭をもつ権利を奪われたうえに、財産を保有し処分する権利もなく、不当な行為や残虐な仕打ちから身を守ることもできなかった。要するに、かれらは、一般市民を保護する法の適用対象から除外されていた。一七一二年のサウスカロライナ法にもあるように、「黒人たちが本性的に陥りやすい無秩序や略奪や非道を防ぐため」の特別な法律によってかれらは治められることになった。黒人にとっては、法と慣習によって別け隔てられた世界ができあがっていたのである。その世界とそこに住む人びとの行動は、まったく別の世界に住む人びとによって決められたのである。

植民地の人びとが本国にたいして独立を求めて武装蜂起する頃には、黒人奴隷制度の世界は揺るぎないものとなっており、黒人を劣等視する見方ができあがっていた。しかし、そのような状況で生じたディレンマは、いつも悩みの種となった。ジョン・アダムズの妻は、後に大統領になる夫に宛てた一七七四年の手紙の中で、「いつも非常に邪悪に思えるのは、私たちと全く同じように自由を享受する権利のある人びとから日々盗み強奪しているものをめぐって、私たち同士が争いをすることです」と、述べている。彼女のようにみている人は、ほかにもいたが、そのような人びとは、たいした影響力をもっていなかった。戦闘が始まった時、ジョージ・ワシントン将軍は徴兵係の将校にたいして、「イギリス政府軍からの脱走兵、放浪者、黒人、ならず者、アメリカの自由に敵対する恐れのある者、および一八歳に満たない者」を徴用してはならないという指令を出した。黒人を社会の鼻つまみ者、裏切り者および子供と同列におくことで、ワシントンは、黒人が自由な身であろうと奴隷の身であろうと、政治的独立のために戦うという崇高な特権にあずかることはできないと宣言した。その後、彼はこの命令を撤回することになるのだが、それも黒人が大挙して自らの自由を得るためにイギリス政府軍に入隊するのを見届けてからのことであった。彼は、黒人にたいする見方を改めるには至らなかったが、政策を変更して、イギリスにたいして武器をとった五〇〇〇人を超える黒人をうまく利用したのである。

アダムズ夫人のほかにも、多くのアメリカ人は、独立革命中、自分たちの立場が矛盾していたことに衝撃を受け、奴隷解放に踏み出すことにやぶさかでなかった。数多い奴隷所有者が自らの奴隷を解放していく一方で、クウェーカー教徒と他の宗教団体は、奴隷制反対協会を組織した。そして、戦争終結後の数年間は、北部諸邦の多くは漸次的な奴隷解放を取り決めた。だがその間、奴隷制反対協会は、南部で邦単位の規模での解放計画を実効あるものにできなかった。一七八七年の憲法制定会議には南部人も参加し、奴隷を住民人口に算入した連邦議員数の獲得と、逃亡奴隷の捕獲と返還を連邦政府が援助すること、および一八〇八年までは奴隷貿易を禁止しないことをうまく取り決めてしまった。

奴隷解放の機運が顕著にみられたところでさえ、黒人と白人は同等でともにアメリカ人となるべきであるとは、ほとんど考えられていなかった。たとえば、ジェファソンは奴隷制度に反対だったし、もしその意志を押し通すことができていたら、独立宣言の中で奴隷制度を批判することもできたはずであった。しかし、だからといって、彼は黒人が白人と同等であるという認識にまでは踏み込めなかった。彼は、「造物主がお決めになった人間の序列に手を加えて、ある人種全員をより低い身分に落とす」ような真似はしたくなかったが、「ただ、ちょっとだけ、黒人が、もともと別人種であったにせよ、時とともに状況が変化して人種が分かれたにせよ、素質という点では、心身のどちらにおいても白人より劣っていると思われるふしがある」と、認識していたのである。のちに、ジェファソンが、黒人の並外れて優秀な天文学者で、数学者でもあったベンジャミン・バネカーと交際するようになって、ものの見方がやや変わったというのも、大いにありうることである。彼は、バネカーが発刊した天文年鑑を読んで、「これは、あなたがた黒人が受けている誤解をはらす立派な証しになります」と、バネカーに語っている。

フィラデルフィアやニューヨークのようなところでは、ジェファソンのいたヴァージニアよりも、黒人と白人が対等であるとの風潮は強かったが、クウェーカー教徒とその周辺にいるほんの一部の者を別にすれば、ほとんど人種間の交流はみられなかった。じじつ、「兄弟愛の町」フィラデルフィアの白人は、二つに隔てられた人種世界を永続させるうえで、大きな役割を果たした。一七八〇年代には、黒人は指定されたバルコニーの後席につくことを条件に、白人のメソディストたちと礼拝をともにすることが許されていたが、ある時、黒人の参拝者が、禁じられていたバルコニーの前席につくと、教会の関係者は跪《ひざまず》いて祈っているその黒人たちを引きずり出して、教会から追い払ってしまうという出来事があった。このように、すでに共和国の発祥の時点で、その発祥の地において、黒人は常にそのいるべき「場所」をはっきりと定められていたのである。ニューヨークの白人メソディストも、黒人信者にたいしてほとんど同じような態度をとっていた。こうした経緯から、これらの都市以外のところでも、黒人教会が白人教会とは別個に作られるようになった。バプティストの場合も状況は、おおむね同じだった。一八〇九年、フィラデルフィアで、一三人の黒人信者が白人バプティスト教会から追放されると、かれらは自分たちの教会を独自につくった。このように、初期の黒人教会は、白人の教会員が肌の黒い信者を排除したことから生まれた。それが、やがて隔てられた世界に住む人びとのための学校や新聞、慈善団体といった他の組織の誕生へと波及していったのである。

黒人教育の重要性を認めるアメリカ人であっても、黒人をずっと卑しい身分においておくような特定の教育を良しとしがちであった。たとえば、一七九四年の奴隷制反対協会の全国大会で推奨されたことは、黒人には、「ほとんどいつも働きづめにさせられるような手仕事」を教えるのがよく、そうすることで、かれらは「怠惰と放蕩に陥りにくく、それだけ合衆国の良き市民になる準備もできる」ということであった。ペンシルヴェニアの献身的な奴隷制廃止論者のアンソニー・ベネゼットが一七八四年に死んだ時、彼は妻も死亡したならば、遺産で黒人のための学校建設を助成するよう遺言状に記した。ベネゼットが夢見た学校は、一七八七年にフィラデルフィアに建てられ、子どもたちは、そこで、読み、書き、算術と簡単な簿記、裁縫を学んだ。

黒人教育に関心があるというアメリカ人は、黒人が人種別に分離された学校で訓練を受けるのが自然のことであり、また当然であると考えていた。ロードアイランドのニューポートでは、すでに一七七三年に黒人学校が誕生しており、イギリス国教会の牧師たちの慈善団体によって運営されていた。さらに、一七九八年には、黒人の子どもたちのための私立学校がボストンに建てられ、さらに二〇年後には、市が黒人教育のための最初の公立小学校を開校するに至った。その間に、ニューヨークでは、一七九〇年に最初の分離学校が開設されたのを皮切りに分離学校の設立がつづき、一八一四年までに、ニューヨーク・アフリカ自由学校と呼ばれるいくつかの施設ができた。

このようにして、この国の一番リベラルなところで、黒人をアメリカ社会の主流から隔離すべきだという見方が一般的になった。そのため黒人は、やむなく自分たちだけの信仰組織をつくって運営するようになり、それにつづいて独自の慈善団体も結成した。黒人が教育を受ける場合も同様に、分離した学校で特殊な教育が用意された。このようなやり方は、南北戦争が始まる頃までに、北部のほとんどにゆきわたっていた。もっとも、マサチューセッツのいくつかのところでは、黒人が入学できる白人学校もあった。だが、ボストン教育委員会は、人種の自然な区別というものは、「法律によっても、習慣によっても、拭い去ることができないもので、公立学校で無秩序に異なった人種が混じり合うと、黒人と白人の双方にとって有害な事態を招く」と述べて、黒人の入学を認めなかった。このボストンの隔離学校は、一八五五年にマサチューセッツ州議会が、公立学校への入学可否を決定するにさいして、志望者の人種や肌の色ないし信仰によって区別をしてはならない、という法律を制定するまで存続した。

その間、大多数の黒人が住んでいた南部諸州では、最もリベラルな人びとのあいだでも、平等な対応に向けた歩み寄りはみられなかった。人種問題に関してリベラルであるとはっきり自認していたある団体でも、黒人とりわけ自由になった黒人を、アフリカに国外追放することを提唱した。植民運動のある指導者が述べたように、自由黒人は、「奴隷のように、さまざまな資格を奪われてはいないとはいえ、自由人としての諸権利を享受することはできず」、かれらがおかれた状況と「拭いがたい偏見」によって、白人との混血の道は阻まれていた。それ故、黒人を「かれらの父祖の国」に送り返すということは、「奇妙にも道徳的に理にかなったこと」であった。へンリー・クレイ、ブッシュロッド・ワシントン判事、ジェームズ・モンロー大統領といった人びとは、隔離すなわち国外追放が、すでに自由の身の、あるいは自由になろうという黒人にとって最良のことだと考えたのである。

植民計画は、すでに自由の身になっていた黒人を基本的に対象としたものであり、まじめに奴隷制度に反対する人びとのかなりの部分にまで浸透した。だが、黒人たちは、初めからこれに強く反対で、マーティン・ディレニー博士とヘンリー・M・ターナー牧師のような黒人指導者がこの考えを支持したが、それはきわめて例外的なことであった。しかし、植民計画は、最も良識のある層のあいだでも、かなりの支持を得た。南北戦争まで時代が下っても、リンカン大統領が議会に向かって、合衆国の人種問題を解決する唯一の有効な策として黒人の植民案を説いた。植民を提唱した人びとが、自由黒人の出現によって奴隷制度が汚染されるのをただ防御したかっただけにせよ、それが本当に正しく気高いこととみていたにせよ、黒人がアメリカ社会の主流に同化するのを防ぐうえで、かれら植民提唱者たちは重要な一集団を形成していたのである。

このように、独立宣言が出されて五〇年も経たないうちに、独立革命の一時期には廃止に向かうものと思われていた奴隷制度は、合衆国において二つの人種世界を出現させるのに、大きな役割を果たした。自然権思想は、奴隷制度をそれまで以上に正当化しようとする立場にまわった人びとにたいしては、ほとんどなんの影響も与えなかったようである。奴隷制度を正当化しようとする運動は効を奏し、すでにそれが衰退に向かっている地域においてすら、二つの人種世界を維持しようとする動きは根づよく支持されていた。奴隷制度が消滅しかけていた北部の諸地域で黒人の教会や学校が興隆したことからもわかるように、自由社会では、人種的自由とほとんど同じように、人種隔離が正しいものと強く信じられていたと言えよう。

南北戦争前の世代は、奴隷制度を擁護しようとする動きが高まりゆくのを見たが、それは、今日に至るまで一部のアメリカ人が賛同する人種主義思想の一大礎石となった。黒人が劣等であるという考えは、階級の如何を問わず南部人のあいだに、また多くの北部人のあいだにも浸透していた。この考えは、南部の思想家や指導者によって広められた社会理論の大きな柱となっていた。それは、また南部の自然科学者や社会科学者によって体系的に統合され、そこから、あらゆる奴隷支配を正当化する人種優越主義が生まれたのである。たとえば、トマス・クーパー博士は一八二六年に、黒人が「劣等人種で、白人と同じようには向上できない」ことに、なんの疑いももっていないと表明した。ルイジアナ大学のS・C・カートライト博士が説くところも、黒人成人の学習能力は白人幼児と変わるところがなく、白人の統制のもとでのみ黒人は生きているというものであった。黒人は劣等なので、自由や共和政といった機構は、その気性に合わないだけでなく、かれらの幸福にとっても、じつは有害なものとみなされていたのである。

よその国の人種主義者と同様に、南部人は、奴隷制度の恩恵に浴さない人びととのあいだにも、絆となる共通点があることをもち出して、自分たちの思想にたいする支持を得ようとした。まず、はっきりしているのは、人種という共通項であり、白人種であること以外に神から特別の思し召しはなく、他人から誉められることも、敬意を払われることもなかったことである。ヨーロッパ人がゴビノーの『人種の不平等』を読んでいた頃には、南部人はカートライトの『民族学からみた奴隷制度』を読んでいた。すべての白人を疑似的に高貴な人種とすることによって、白人種の高潔さと栄誉を守ろうというカートライトの運動は、すべての白人たちの熱狂的な支持を得た。ウィリアム・アンド・メアリ大学のトマス・R・デュー教授は、下層白人も特権的で裕福な白人と同じ種族に属すると述べ、かれらを安心させた。彼の言うところによれば、南部では、「白人は誰ひとりとして、身分が低くてほかの人と一緒になれないという劣等感などもっていない。ここでは皮膚の色がすべてで、それが特権階級の証しであり、白人は何びともその職の違いにかかわらず平等である」とされた。

他方、北部人の多くも、南北戦争前の激動の一〇年間は、独自の人種主義的な見方と人種主義的な政策から免れていたわけではなかった。ルイス・フィラー教授が見たように、黒人にたいする嫌悪を露わにすることで優越感を感じたり、欲求不満を解消したりする者もいれば、黒人を、良かれ悪しかれ、全く意に介さず、ただ分離しておくだけでいいという者もいた。黒人の平等性の問題については、一部の奴隷制廃止論者のあいだにおいてすら表向きとは裏腹のところがあった。奴隷制反対協会の中には、協会への黒人加入を認めるべきだとの要求に動揺した組織もあった。黒人の参加は正当なことだが、黒人を「われわれ白人と同じ」に仕立てるためではないと考える会員もいた。ニューヨークの廃止論者ルイス・タッパンも認めているように、「肌の色にかかわりなく人を処遇しようという崇高な原則をいざ実行する段になると、きまって議論が紛糾してしまう」のである。

南北戦争勃発の直前には、黒人はどことなく異質な存在だっただけでなく劣った人種だという見方が、合衆国では広くゆきわたっていた。二大政党の首脳たちもこの考えに同意していたし、もっと極端な人種主義者たちは、そもそも黒人が自由人として立派にやっていけるという考えそのものを嘆いた。一八五四年の一〇月には、イリノイ州ペオリアでエイブラハム・リンカンが、奴隷制廃止論者は黒人にたいしてどのような立場に立つべきかを次のように述べた。「かれら黒人を自由にし、政治的・社会的にわれわれと同等にするのか。私の個人的な感じでは、それは許されることではない。私がそれを認めたとしても、周知のように、大多数の白人はそれに反対するだろう。こうした感情が、正義にかなった健全な判断かどうかは、どうでもいいこととは言わなくても、たいした問題ではない。一般の人びとの感情は、理にかなっていようといまいと、無視することはできないのである。となれば、われわれは、いずれにせよ、かれらを平等にすることはできない。」

リンカンの発言は率直で、一八五〇年代のアメリカ人の大方の見方を代弁していた。彼の演説を見たり聞いたり読んだりした者の多くは、彼と同じ意見をもっていた。後年になって、ペオリア発言は、黒人の諸権利の擁護者というリンカンの評判を貶《おと》しめようとねらっていた者たちに利用されることになる。一九六四年には、白人市民会議がこの発言の一部を日刊紙の広告欄に大々的に掲載して、リンカンも、かれらと同じように、二つに截然と分けられた人種世界の存続を望んでいたと言い張ったのである。

リンカンは、人種分離を強く求める国民感情を抑えることは、もし望んだとしてもできなかったであろうし、じっさい、彼も本格的にそのような動きをとろうとはしなかった。奴隷解放令の公布につづいて黒人部隊を召集したさい、リンカンは、黒人を「合衆国黒人軍」という別個の部隊に編入させただけでなく、白人兵卒に月一三ドルおよび別途に衣服を支給したのにたいして、同じ階級の黒人には衣服を含めて月一〇ドルを支給することにし、このことに何のためらいも感じなかった。これにたいして、多くの黒人部隊が差別的な支給を受けるのをかたくなに拒否したので、議会は白人と黒人の兵士に、同一報酬を与えることを余儀なくされた。連邦のために戦うことは自由のために戦うことであったのだが、平等のための、ないしは、人種の違いによって分けられない一つの世界を作るための戦いにはならなかったのである。

平和と自由に向けてのリンカンとジョンソンの問題解決の仕方は、それにともなう平等の問題にまで本格的に立ち入ろうというものでは、決してなかった。たしかに、一八六四年に、リンカン大統領はルイジアナ州知事にたいして、一部の黒人に選挙権を付与するという案を私的に打診してみたが、知事がそれを無視すると、大統領はそのことをもう話題にしなかった。一八六六年には、ジョンソンが同じような提案をしたが、それは、より包括的な選挙権を黒人に与えようとする急進改革派のねらいを挫くための方便でしかなかった。アポマトックスでの南北戦争の終結につづく二年間、南部の指導者たちは、黒人が連邦軍に従軍していようといまいと、教育を受けていようがいまいが、また財産があろうがなかろうが、地方政治へのかれらの参加を認めるなどということは、みじんも考えなかった。南部諸州は黒人に投票権を認めなかっただけではなく、白人に与えていた教育の機会を黒人に与えるのを拒んだ。

選挙権の剝奪と公教育施設からの排除という戦後初期にできた慣行をもとに、その後の南部の黒人政策ができあがった。このような政策と慣例にたいして反対の声をあげた指導者も僅かながらいたが、こうした差別にたいして最も勇敢に攻撃を加えたのは黒人自身であった。早くも一八六五年には、ノースカロライナ州のある黒人グループが、ジョンソン大統領にたいして、かれらの中には兵役を終え、可能なかぎりより高度な市民的義務の遂行の仕方を習得しようとする者がいると、次のように説いている。「共和国のマスケット銃をとろうと率先して戦地に赴いた者には、平時に、投票権をもつことが許されるべきであると思います。理解できないのは、祖国にそむいて四年間も戦った者がなんの咎めもなく選挙権を与えられているのにたいして、祖国防衛のために戦った者にはそれが与えられないことです。」しかし、このような嘆願は無視され、連邦議会が、南部の非人間的な黒人法とそこに蔓延する人種差別、および黒人にたいする筆舌に尽くしがたい暴虐にたいして、怒りを抑えられなくなった一八六七年になって初めて、再建期初頭にみられた諸悪の修正を目指す新たな法律が成立したのである。

急進的再建として知られている時期は、アメリカ社会における黒人の立場には、なんら重要で恒久的な影響をおよぼさなかった。黒人が投票権を享受できたのは、一年間だけのところから一五年ないし二〇年のところまであった。黒人が政治的に優勢な立場に立ったのは、ごく一部の地域の限られた期間のことであり、かれらが支配的な立場を得るまでには至らなかった。経済的独立もしくは安定に向けての見るべき前進はなかったし、地域社会からは圧迫され、連邦政府からは無視されたために、かれらは、たちまち旧支配階級によって、ことごとく経済的に抑圧されることになった。クー・クラックス・クランのような組織は、黒人を「かれらのいるべき場所に」留めおくために暴行を働き、南部連合の将軍らの後援で敬意を払われるようになると、白人優越主義と白人女性擁護の名のもとに、暴力的な騒擾を繰り返すようになった。

その間、合衆国の自由黒人五〇〇万人を貶めるために、南北戦争以前から始まった各種の人種隔離や差別は、今度は、一八六五年に自由になった四〇〇万人の黒人にも向けられるようになった。教会と軍隊はすでに完全に隔離されていた。学校は北部においても、おおむね、人種別に分けられていた。南部においては、急進的な人びとが人種隔離を是正しようと少しばかり力を入れたところでも、隔離学校は残存した。一八七五年、連邦議会は、乗り物や公共の宿泊施設、娯楽施設での平等な権利の行使を保障するために公民権法を制定した。しかし、すでにこの法律が成立をみる以前に、北部の博愛主義者は隔離学校の是正を求める条項を巧妙に法案から削除していた。まもなく、南部のみならず北部でも大衆的な抵抗運動が起こり、連邦政府もこの法の執行に冷淡な姿勢をとったので、それはどこにおいても死文と化するようになった。そして、一八八三年に、連邦最高裁判所がこの法律に違憲判決を下すと、黒人を除く各階層のあいだから歓声が上がった。ある黒人は、このことを「氷水の洗礼」と表現した。

人種の境界線を永遠に取り除くことにおいては、南北戦争も再建もなんら重要な地歩を築けなかった。南北戦争後の急進派は、独立革命期の愛国派と同じように、人種によって区別されない一つの世界を作ることはできなかった。黒人が初めて合衆国の正規軍に入隊した時、かれらは別個の黒人部隊に所属させられた。再建時代も、リベラルな人びとの多くは、黒人のための分離学校の設立を要求し、それに向けて努力した。黒人を教会や支配的な集団が握っている他の社会的な組織に巻き込もうという積極的な努力は、もうどこにもみられなかった。かつての奴隷制廃止論者は、真の人種間平等という問題にたいして確固とした立場を堅持していたとは言いがたく、その熱意の名残りすら急速に色あせ始めていた。それに代わってみられたのは、なんとしても平穏を維持したいという実業家の心情であった。鉄道や作物販売、投資などで共通の利害をもつ人びとは、地域の境界線を超えて手を差しのべ、共通の目的に向かって協力し合うようになった。そうした雰囲気のもとでは、二つに仕切られた人種世界という現実を受け入れるのが常であった。あげくの果てには、二つの人種世界を維持することに重要な経済的利益があるとの見方に同意する者さえいたのである。

再建期につづく時代には、アメリカ黒人の立場は確実に悪化していった。レイフォード・ローガン教授が言うように、それは、アメリカの社会と思潮のうえで、黒人の「どん底」時代であった。また、この時代は、南北戦争の勃発で、戦前の改革運動に愛想をつかしたアメリカ人が、黒人の平等実現に手助けすることに、ほとんどなんの関心も示さなくなった時代でもあった。社会ダーウィン主義者たちは、黒人に対等の立場を与えるという考えそのものを非難し、黒人がおかれている卑しい立場が自然であり、また、かれらにふさわしい場所であると論じた。有力な文学雑誌は、黒人が怠惰で怠け者でその日暮しで、おまけにふしだらで犯罪をおかしやすいと競って書きたてた。トマス・ディクソンの小説『クランズマン』と『豹の斑点』、およびD・W・グリフィスの無声映画『国民の創生』によって、アメリカ人は黒人が歴史的に果たしてきた役割を知ったが、そこでは黒人は平等はおろか、市民としての資格に欠けることが「証明」された。ウィリアム・グレーアム・サムナーとその支持者が、「国のしきたりによって民の風習を変えることはできない」と述べたことから、多くのアメリカ人は、法律によって平等化を実現しようとしたり、人種の違いにとらわれない偉大な社会を作るなどということは不可能なことであると思い込むようになった。

しかし、その一方で、アメリカ人の多くは、逆に不平等を法制化することならできると信じており、その通りにことを運んだ。一八九〇年を皮切りに、黒人から事実上、投票権を奪うような、州憲法の参政権条項の改定が、南部の諸州で次々に進められた。新たな読み書き「理解」条項によって、各地の選挙登録官は、白人の投票権は認めても黒人のそれは認めなかった。また、ルイジアナ州、ノースカロライナ州、オクラホマ州はじめいくつかの州では、一八六六年に父親ないし祖父が投票資格をもっていれば、それ以外に何も資格がなくても投票できることをうたった「祖父条項」が、州憲法の中に挿入された。(しかし、一八六六年の段階では黒人の先祖は投票できず、これはあまりに破廉恥な黒人差別だったので、一九一五年に連邦最高裁判所は、「祖父条項」は違憲であるとの判決を下した。)つづいて、一九〇〇年には、民主党の白人予備選挙が行なわれ、当時すでに民主党の単独支配の地になっていた南部では、黒人がその地方選挙に参加できないという事態となった。（これにたいする攻撃が一世代以上にわたって繰り広げられた一九四四年になって、白人だけの予備選挙がようやく違憲とされた。）

不平等は、さらに別のやり方で法制化された。一八八〇年以来、南部に限らず多くの州では、人種分離を意図した法律が制定された。一八八三年に公民権法が違憲判決を受けると、各州議会では、数えきれないほどの人種隔離立法の成立にはずみがついた。連邦最高裁判所が、一八九六年のプレッシー対ファーガソン判決の中で「分離すれど平等」という原理を示すと、人種を分離し、黒人を差別する法律の制定が新たに促されるようになった。やがて、学校、教会、墓地、水飲み場、レストラン、その他あらゆる公共の宿泊・娯楽施設の利用にさいして、黒人と白人が分けられることになった。ある州では、白人と黒人の子どもが使った本を別々に保管する法律ができた。またある州では、白人と黒人の利用者のために別々の電話ボックスを用意することを定める法令が成立した。ほとんどの地域では、住宅も、法律もしくは慣習によって、人種別に分けられた。

隔離を取り決めた法律が成文化していないところでも、各地特有の習わしが法に代わって規範的に作用した。その過程で矛盾や齟齬があっても、人種をなにがなんでも区別しようとする者には、それはとるに足りないことのようだった。あるドライブインの軽食堂が黒人に店内でのみ給仕したのにたいし、道ひとつ隔てた向いの店では屋外でのみ給仕していても、いっこうに問題にならなかった。どちらの食堂も人種の区別をしていた。慣習やしきたりが法と並ぶ強制力をもつところでは、この区別はすべてであった。一九一三年に、連邦政府が食堂や洗面所だけでなく、そのすべての職場でも人種隔離する政策を採用すると、そのような慣行はさらにいっそう強固なものになった。

第一次世界大戦の頃には、南部および北部の一部の地域の黒人と白人は、別々の世界に住むようになっており、それぞれの世界を仕切っておく装置は、念のいった巧妙なものになっていた。黒人は、北部のゲットーでは、生徒数が足りないところを除いて、ほとんど黒人だけの学校に通学させられ、南部諸州の公立学校は法律によって隔離されていた。こうした中で、多数の黒人新聞が、白人紙ではとりあげられないニュースを提供するために発行されるようになった。また、白人の教会では、一八世紀末と同じように黒人は招かれざる客であったので、ほとんどすべての教派の黒人教会が、白人に拒絶されながらも、白人の宗教を受容した黒人信者のためにつくられた。

白人の歴史家からはなんら重大な関心が払われてこなかったという事実に気づいた黒人は、アメリカ人としてのかれら独自の経験を真剣に歴史に書き留めるようになった。南北戦争の前から黒人歴史家はいたが、分離した卑しい世界に黒人を追いやろうとする白人歴史家に挑もうとする者は一人もいなかった。しかし、一八八二年に、ジョージ・ワシントン・ウィリアムズが、「黒人についてより正しい見方を世に示すために」、『アメリカにおける黒人の歴史』を著わした。彼は、「党派的な弁明者としてではなく、真実の歴史を愛する者として」それを書いた。やがて、ほかの黒人による歴史研究がこれに続き、黒人たちが遂げた進歩と果たした貢献を記して、かれらが完全なアメリカ市民として受け入れられるに足る資格を有していることを説いた。

二つの人種世界を打ち壊そうと多大な努力が払われたのは、再建期に続くこの時代であった。黒人歴史家が必死に願ったのは、ただ、アメリカ社会の中に完全に受け入れられるように、黒人がもっとはっきりと働きかけをすることであった。数多くの黒人組織が連帯して、黒人の権利を認識し守り、それ以上、白人に黒人を操らせないよう奮闘した。不運なことは、再建期以降、連邦、州、地方といった、それぞれのレベルで、政府が人種分離主義の根絶に関心を示さなくなった一方で、もともと少なかった人種の平等に向けての運動に関与した白人の数がますます減少していったことである。黒人たちの声は、たしかに荒野での孤独な叫びに聞えたが、かれらは聞いてもらおうとの試みを捨てなかった。一八九〇年、二一の州と首都ワシントンの黒人がシカゴで会合をもち、合衆国アフロ・アメリカ連盟を結成した。かれらが求めたのは、学校予算の平等な配分、黒人被疑者にたいする公正無私な審理、暴徒とリンチ法にたいする「あらゆる合法的で正当な手段での」抵抗、それに、有資格者全員への選挙権付与であった。W・E・B・デュボイスに率いられた若い黒人知識人グループは、一九〇五年にオンタリオ州のナイアガラ瀑布に集結してナイアガラ運動を開始するにさいして、これと同様の要求を掲げた。

かれらの嘆願がどれだけ説得的であっても、二つの人種世界を黒人だけで打ち破ることはできなかった。かれらには援助が、それも絶大な援助が必要であった。二〇世紀初頭になって血なまぐさい人種暴動が起こるようになると、公徳心と社会的良識のある白人の心が揺さぶられ、援助を求める黒人に応じるようになった。白人の中には、人種の違いだけで仕切られた二つの社会を、国民全体の利益にとって有害であるとみる者も現われ始めた。かれらは、やがて指導権を発揮するようになり、一九〇九年には全国黒人向上協会を結成した。その翌年には、かれらの援助を受けて全国都市同盟が発足した。白人弁護士が黒人に加勢するようになり、連邦最高裁判所にたいして、「祖父条項」と各地の人種隔離条例、および黒人犠牲者を作り出す悪名高い誤審をなくすよう働きかけた。このころ展開した闘争形態は、あとになって計りしれない意義をもった。その合法的な行動は、まもなくピケ、示威行進、ボイコット運動などに発展し、とくに、いくつかの北部地域では顕著な影響を与えた。

二度の世界大戦は、合衆国の黒人の地位に多大な影響をおよぼし、二つの人種世界を打ち破る闘いにも大きく作用した。第一次大戦をはさむ一九一〇年代には黒人の大規模な移住がみられ、ほぼ五〇万の黒人が、南部の農村地帯から南部と北部の町や都市に向かって大挙して移動した。

かれらは、とくに北部の工業中心地を目指した。数千人という規模で、かれらは、ピッツバーグ、クリーヴランド、シカゴといった都市に集中した。職が得られなかった者も多かったが、なかには成功して、ちょっと前には想像もつかなかったような生活水準に達した者もいた。北部の町は、新参者をいつも友好的に手厚く受け入れたわけではなかったが、新たに得た教育の機会や市民としての政治的自尊心は、それまで黒人がもっていたものの比ではなかった。かれらの多くは、戦争によって二つの人種世界を分ける仕切りが、完全になくなるという新たな希望が正しいものであることが完全に裏づけられたと思った。

しかし、そうした高い望みは極端にナイーブなものであった。というのも、この頃には、南部だけではなく、北部でもすでにクー・クラックス・クランがよみがえっていたのである。その指導者たちは、「アメリカ生まれの白人キリスト教徒をアメリカの諸制度と白人種の優越性維持に向けて」結集するような包括的な行動計画を、断固、推し進めていく構えであった。戦争が終結する頃には、クランは、人種的な対立の中で醸成された敵対意識を利用するようになっていた。戦争中、各地で人種紛争が起こり、ヴェルサイユ講和会議の終了を待たずに、一九一九年の「長くて暑い夏」と、いみじくも称される人種暴動が発生した。

民主主義の世界を守るための軍事的行動は、どちらかと言えば、合衆国にあっては人種分離をより長引かせるだけでしかなかった。黒人兵士は、合衆国陸軍において完全に分離された部隊につかされただけでなく、いったん外地に赴くとフランス陸軍指揮下の戦闘部隊となるように配属された。黒人が、米国海兵隊ないし空軍への従軍を志願しても拒否され、海軍もかれらを重要な任務につけることはなかった。これにたいして黒人は激しく反発したが、デュボイスをはじめとした指導者の多くは、忍耐と忠誠を説いた。かれらは、愛国心を示すことで、アメリカ人としての確かな居場所を勝ち取れるだろうという希望をもち続けたのである。

第一次大戦の終わりに経験したような大規模な排斥に遭遇することなど、予想できた黒人はほとんどいなかった。黒人帰還兵は、合衆国軍の制服を着ていても、首吊りや火あぶりによるリンチを免れなかった。黒人たちにたいしてクランは、白人の権利は敬わねばならず、「白人のおかげで黒人は白人の土地に住んでいられるのだ」と警告した。人種間紛争が国中に吹き荒れたが、連邦政府も州政府も、実効ある措置をとる様子をみせなかった。終戦後の一〇年間には、人種の違いによって世界を分断している溝はますます深まった。このことを何よりも如実に示すのは、マーカス・ガーヴェイ率いる全黒人地位改善協会の発展である。ガーヴェイ運動は、戦争終結時には、ほんの一握りの賛同者を擁しただけであったが、急速に成長して、世俗の黒人グループとしては合衆国で最大のものになった。ガーヴェイの言う「アフリカでの定住」という運動目的に関心をもった黒人はほとんどいなかったが、何十万人もの黒人が、アメリカの社会秩序の中心的特徴とかれらがみた人種的二重性に反発すべく運動に加わった。

もっと現実的で断固たる態度をとったのは、これまで以上に決心を固め、命がけでアメリカの人種主義打破の闘争に身を投じた黒人たちであった。『クライシス』の編集長デュボイスが一九一九年に述べたように、「われわれは、戦いから戻る。われわれは、戦いに戻る。民主主義に道を開けよ。われわれは、フランスの民主主義を救った。そして、われわれは、アメリカの民主主義を救うだろう。偉大なエホバにかけて、われわれは、絶対に救ってみせる。」これは、アラン・ロックが「新しい黒人」と呼んだ精神である。彼は、民主党の白人だけの予備選挙に挑戦し、黒人にゲットーを押しつけようとする白人と闘い、雇用における人種差別を糾弾し、自分たちの権利を守るための立法的措置を強く求めた。戦後の一〇年間と不況期にはほとんど成果はなかったが、彼は人種の違いによって二つに仕切られた世界という非アメリカ的なものに、一貫して反対であることを鮮明にした。

フランクリン・D・ローズヴェルトのニューディール政策には、人種主義に反対する新たな機運をあおるものがあった。同政策のもとで、黒人は経済的に不利な立場に立つグループとして復興・救済法の恩恵を受けた。しかしそうした立法のほとんどは、二つの人種世界の存在を是認し、それに呼応するものであった。そのため、食料配給を待つ列や無料食堂が人種別に分けられることもあった。職業安定事業でも人種隔離が行なわれ、新たに設置された多くの局もジム・クローと呼ばれる黒人差別の慣行に一目おいて、それに従った。農場保障局のような機関が、人種隔離と闘い、人種の違いではなく、必要度に応じた行政を施行しようとすると、きまって人種主義者の批判を浴び、めったにそれに対抗できなかった。だが、僅かとはいえ変化の兆しがみられた。それが最も顕著だったのは、新しい労働組合においてであった。ワグナー労使関係法によって勢いを得た産業別労働組合会議などの団体が人的資源全般に注目し、人種の観点から労働をとらえた従来の人種政策を批判するようになったのである。

第二次大戦を前にして、一九二〇年代および三〇年代の教訓から学んだ黒人は、ナチズムにたいする闘いがアメリカの人種主義イデオロギーの文脈で遂行されるのを快く思わなかった。白人の中には、合衆国にはなお人種主義がはびこっているのに、ヨーロッパを人種主義から解放するという役まわりに居心地の悪さを感じた者もいたが、ほかでもなく黒人が、国防産業での雇用差別をやめさせるよう求めて、アメリカの矛盾を劇的な形で表現した。一九四一年にワシントン行進を召集すると威嚇することで、かれらは大統領にそのような差別を廃止する布告を出すように迫った。この布告に反対する声は大きかった。大統領命令を非難する州知事もいれば、命令を巧みに回避した会社経営者もいた。しかし、それは人種の違いによって二分された世界をなくすうえで重要な一歩であった。

第二次大戦中にも、人種主義にたいする攻勢は続いた。一〇〇万人を超える兵士を送り出して、黒人は差別や人種隔離と激しく闘った。その軍隊のほとんどは、人種別に截然と二分されていた。

ただ、黒人部隊の中には白人将校を抱えるところもあり、大部分の将校教練では人種隔離が改められていた。しかし、黒人と白人の志願兵を同じ部隊に配属するという試みがなされたのは、戦争が最終盤に入ってからのことであった。その試みの成功とナチズムにたいする熱烈な勝利感が背景となって、人びとは国の自由を守るために人種別の分断された軍隊をもつことの愚かしさに気づき始めた。

戦争中、黒人史上、最大の人口移動が始まった。数十万人が南部を離れ、北部や西部の産業中心地に向かって移住したのである。行く先々で、かれらは敵意ある対応を受けたが、それでも航空機産業、自動車産業、製鋼業、その他の多くの工業分野で雇用を確保した。しかし、住宅など種々の問題に直面するようになるにつれて困難も尾を引いた。それでも、黒人は大挙して南部を後にし、一九六五年までには、二〇〇〇万人の黒人人口のうち三分の一は北部と西部の一二の大都市に住むようになっていた。そのような大規模な人口移動の帰結は、大なるものがある。政治的な障害のない地域に黒人が集中することで、かれらの政治的発言力は飛躍的に高まった。その結果、かれらの中には州議会、連邦議会、それに法曹界に進出するものがでてきた。これによって、かれらは、立法だけでなく政治においても敬意を払われるようになり、市民としての立場を高めることになった。

第二次大戦後、合衆国における二つの人種世界にたいする闘いに大きな進展がみられた。一九四一年には、連邦最高裁判所が州際交通における人種隔離に違憲判決を下し、その三年後には、民主党の白人予備選挙にたいする最終的な判断を示した。さらに、一九四七年には、大統領公民権委員会が「人種、肌の色、信条、ないし出身国による人種隔離をアメリカからなくす」ことを呼びかけた。その翌年、トルーマン大統領は、議会にたいして常設の公正雇用実施委員会の設置を提起した。同時に、彼は軍隊での人種隔離を廃止するよう一歩を踏み出した。これらの司法・行政部門の動きによって、二つの人種世界が決して解消されたわけではないが、政府ほか各方面で、人種分離に攻撃をしかける良好な機運が醸成されることになった。

終戦によって合衆国が新たに世界の指導者としての立場に立つと、この攻撃は大いに強化された。アメリカを批判する者が、いち早く指摘したのは、海外の人種主義を非難しながら国内のそれを容認しているアメリカの一貫しない姿勢であった。褐色や黒い肌の色をした市民を抱える新生諸国にしてみれば、二つの人種世界は、旧宗主国と、今や独立国となった、かつての植民地とを想起させるものであり、そのようなものを頑迷に維持しようとしている国の指導には従いたくない様子だった。そうした中で、責任感をもったアメリカの指導者たちは、自分たちの立場の弱さをみてとり、なかにはその改善に向けて新たに動きだす者もいた。

市民団体、宗教団体、労働団体、それに白人コミュニティーの多くの市民が、アメリカから人種隔離と差別をなくすために力を合わせて立ち上がるようになった。第二次大戦後は、黒人が再び孤立して闘わねばならないという危うい状況ではなかった。旧来の、白人と黒人の共同組織は存続したが、そこに新たな組織も加わった。全体方針の中のひとつの柱として人種平等を掲げた多数のグループもあれば、人種別に仕切られないひとつの世界を作ることを主目的とするグループもあった。人種平等会議、南部キリスト教指導者会議、学生非暴力調整委員会は、後者の代表であった。それらのうち、一九五〇年代に活動を開始していた団体は、公立学校における人種隔離を憲法違反とした最高裁判所の判決を支持した。新しくできた団体は、立法化の要求や人種隔離との闘いで使われた新たな戦法を開発するという点で指導的な役割を果たした。

二つの人種世界の維持に向けて、最も強力で直接的な影響力を行使したのは、州とその行政機関であった。人種の分離と差別が住民生活の基礎となっている州や地方では、選挙で選ばれた公職者は、二重の世界を永久に守ることを例外なく誓約した。じじつ、候補者たちは競って、人種問題において誰よりも分離主義の立場に立とうとした。警察を含めた、任命による官吏、および、少なからぬ教師や学校管理者が、人種分離体制を擁護する補助部隊となった。そのようなところでは、黒人は政策決定に参加することも、それに影響を与えることもなく、警察官になることなど、めったになかった。州や地方の租税財源は、人種隔離と差別の体制を守ろうとする者によってほしいままにされ、法律だけでなく慣習を強制したり、体制護持をはかる情報を流布するために利用された。

白人コミュニティーそれ自体も、人種隔離体制の擁護者として機能した。白人種の優越を説く、まことしやかな議論に触発され、その体制が崩壊すれば自らの立場が危うくなることを恐れた多くの白人は、隔離体制に「賛同した」だけでなく、多くの場合、熱烈にそれを支持した。コミュニティー内での制裁は、きわめて強力で、既存の秩序に立ち向かおうと独自の考えを抱く住民は、のけ者にされただけではなく、経済的・政治的復讐の的になった。

白人コミュニティーでは、白人優越主義の擁護者を自認する者たちが、おりにふれ現われた。南北戦争後と第一次大戦後には、それはクー・クラックス・クランであり、近年その力は驚異的なものになっている。一九五四年の最高裁の公立学校における人種隔離違憲判決以降は、白人市民会議がその典型で、南部のある記者は、それを「山の手クー・クラックス・クラン」と呼んだ。一八六五年以来、時に応じて、かれらは政治的なデマゴーグとなり、人種隔離体制を確実に維持するために選挙を利用したばかりか、コミュニティーの中でも善悪の判断ができない人びとをけしかけては、自分勝手に私的制裁を加えた。

アメリカ史、とりわけ南部史の一大構成要素となっている暴力は、二つの人種世界を保持するうえで重要な意味をもってきた。威嚇、脅迫、リンチや暴動は、体制をつねに補完し、それを止めさせる意志も能力もない官吏が、その体制のお抱えとなっていた。一八七〇年代には、黒人は、暴力的仕打ちを受けるのを恐れて投票に行けず、それがきっかけでかれらは選挙から遠ざけられた。見せしめのための首吊りや火あぶりであれ、言うことをきかない黒人を人目につかないところで、ただ「消してしまう」ものであれ、リンチは、その特殊な目的を達成するのにひと役買った。人種抗争の緊張が高まっている都市では、人種をめぐる状況がきわめて危険なものになり得ることが、各地の暴動をとおして明らかになった。

歴史の重みが分離した社会を堅固に覆い、変化は起こるべくもなかった。アメリカ人、とくに誰よりも過去に執着する南部人は、古くからある習わしや、しきたりが一夜にして変わるものでなく、社会的慣行が一片の法律によって変わるものでもないという、かれらの言い分を支持するよう歴史に求めた。南部人が言うところによれば、人種隔離を改めると、長いあいだつづいてきた慣習が破壊され、そっとしておけば人種的社会的混乱も起こらないはずの社会秩序が乱される、ということであった。南部白人は、自分たちこそ黒人のことに「通暁」しており、幾世代にもわたって黒人と身近かに接して見てきたので、かれらのことはよくわかると主張した。

また、南部白人は、連邦法による黒人公民権の擁護に反対するかれらの立場が正しいことを、歴史によって証明しようとした。地方の諸団体、州政府や連邦議会というすべてのレベルで、南部白人は、連邦公民権法は時計の針を再建期まで戻すものであり、それはかれらに過酷で不当な沈黙を強要するものだと主張した。その言い分をより効果的なものにするために、かれらは、「軍事占領」「黒人による支配」「誠実な政府の喪失」といった、感情に訴える言い方をした。黒人に公民権を与えると再建期の「諸悪」が再現されるという南部人の言い分に、南部以外のアメリカ人は驚いた。だが、かれらは歴史をよく知らないために、急進派による南北戦争後の統治を、南部人が「災難」と呼び、それを黒人および黒人びいきの白人による、南部に復讐するための「懲罰」と理解したのをそのまま鵜呑みにした。これが歴史的に正確でないことは言うまでもないが、表向きもっともらしく見えるこの種の議論は、どれだけ功績があったとしても、それ自体、二つの人種世界を打破しようとする運動の足を引っ張る働きをしたのである。

しかしながら、人種的に偏屈な態度は、近年では高くつくようになったとの見方がある。今では、深南部においても、従来のように簡単には人種問題を政治的に利用することはできなくなった。農民や労働者、それに工場主たちは、扇動政治家が人種の純血性を守ると唱えても、かれらが投資家を説得して資本を誘致し工場を建てることができないとなれば、何を約束されても愛想をつかすほかなかったからである。観光業に頼る南部人の中にも、その人種的誇りがかえって観光客の足を遠ざけ、景気を悪くするとすれば、誇示していた誇りが、はたしてどれだけ大事なものなのかと疑う者も出てきた。人種関係がよくないとの悪評判のために、有望な工場主たちから見捨てられた都市では、二つの世界を保持することの重要性が冷静に見直されるようになった。

要するに、人種の隔離と差別がもたらす経済的な負の効果のために、問題が再考されるようになったのである。

付言しておかなければならないことは、二つの人種世界が続いたことで、黒人の中に、それが永久に続くのを求める者が出てきたことである。二重社会の産物である、そうした黒人の団体や組織の中には、そのような社会状態が続くことに既得権益をもつものがあった。人種隔離の廃止によって自らの組織が解体することを恐れたそのような黒人は、白人の人種主義者に後押しされて、人種隔離を保持するために働いたのである。他方、文化多元主義のいいところをまじめに取り入れようとして、黒人が自らの組織の保持を望んだ場合でも、それらの組織を破壊しようとする復讐心に満ちた人種主義者の中にあっては、その願望は困難きわまりない生存競争を強いられたのである。そうした折、狂信的で人種主義的な教育委員会が黒人教師数百人を解雇したことは、隔離是正の長所を再検討するよう黒人たちに迫る出来事であった。

最近になって、二つの人種世界を打破しようとする動きは劇的で、どちらかと言えば爆発的な新局面を迎えた。二つの世界を維持するために動員された勢力は、アメリカから人種主義をなくそうとする勢力が台頭したことで、絶えず激しい攻撃を受けるようになった。後者は、示威行進、ピケ、座りこみ、ボイコット運動といった戦法によって、前者を苦しめただけでなく、自らの力を結集していった。かれらは、ほかにも手を打つ必要があることに気づき、新しいよりよい法律の制定と積極的な政府の援助を求めて立ち上がった。一九四〇年代には、地方や州レベルでは、万人にたいする公民権の保障と、雇用における差別の廃止、および万人にたいする適切な公営や個人の住宅実現のための法制化に成功した。

平等化に向けての運動において、世論の影響力の大きさを計るのは不可能だが、ここ五、六年のあいだに、世論が公民権運動を支持する側に大きく傾いたことは確かである。このことは、南部においても、有力紙だけでなく大衆的な雑誌が、人種主義の最悪の状態だけは少なくとも改めようという動きを次第に支持するようになったことからもわかる。ラジオやテレビで人種問題を論議し、視聴者を引きつける、人種世界での劇的な出来事の報道にさいして、これらのメディアを利用したのは、まちがいなく効果的なことであった。そのような運動が、公民権法の制定に直結したのではなかったとしても、そうした法制化に向かって世論を高めたことは否めない。

都市条例や州法、それに公民権論者の政治的影響力の増大によって、連邦レベルでの新たな対応も促された。四分の三世紀ものあいだ、この方面で連邦政府は何もしなかったが、一九五七年、一九六〇年、一九六四年、一九六五年の各年に公民権法が成立した。行政府の強力な指導と新旧の法律にたいする裁判所の好意的な法解釈から明らかになったことは、二つの人種世界にたいする闘いは、今や法とその番人の支持を受けるようになったということである。このことは、多くの点で、二〇世紀の人種主義にたいする闘争上もっとも重要な一歩であった。

過去二世紀にわたるアメリカの歴史を通観して印象づけられるのは、平等というきわめて重要な問題をめぐって、当初からずっと二面的な性格があったという事実である。「万人にとっての平等な権利」という言葉が、必ずしもその表現どおりのことを意味していなかったとしても、その矛盾はますます明白になってきた。とはいえ、このことは、「限られた者だけの平等な権利」という見解がなくなったとか、真の平等という考えを脅かさなくなったということを意味しているのではない。むしろ、二つの人種世界をなくそうとする勢力の力によって、不平等を支持する声が、決して鳴りをひそめはしないものの、大いにその影響力を弱められたということである。

第四章

アメリカにおけるエスニシティー——歴史的展望

アメリカ合衆国の人種・民族構成はユニークである。人びとの文化や人種や宗教や出身国の背景がこれほど多様な国は、世界でも他に例がないだろう。この多様性は、この国の初期の歴史にみられた顕著な特徴のひとつだったが、それは二〇世紀に入ってからもずっと変わらなかった。かれらは、地球上のほとんどあらゆる地域から、ある者は熱心に望んで、ある者は無理強いされて、ここにやって来た。イギリスとヨーロッパ大陸の各地からは、数百万人の人びとが来てアメリカ人となった。アフリカとアジアも、大勢の人びとをアメリカに送り込んだ。「新世界」の他の地域からも、住民たちが住み慣れた土地を離れ、巨大な国での成功を夢見て北へと向かった。自発的に来た者たちは、信仰の自由が得られ、欠乏やさまざまな形の抑圧から解放されることを期待してやって来た。無理に連れてこられた者たちの中でも、白人には、いつかこの世をわがものとすることができるだろうとの慰めがあり、黒人には、いつかキリスト教の天国で報われる日が到来するだろうとの慰めがあった。

さまざまな言語・人種・文化の人びとがこうして一緒になったことの興味深く重要な点は、かれらの出自がまもなく最小限の意味しかもたなくなり、かれらがアメリカ人となっていったその過程が最も重要な意味をもつようになったということである。ヘクター・セント・ジョン・ドゥ・クレヴクールは、一七八二年に「アメリカ人というこの新しい人間は、いったい何者か？」という自らの問いに次のように答えて、このアメリカ人となる過程を述べている。「かれらは、ヨーロッパ人か、またはその子孫であり、いろいろな血が混じり合っている。このようなことは他の国では見られないことだ。……かれらは、アメリカ人で、祖国を後にする時に古くからの偏見や習慣を払い落としていて、新しい生活様式や、新しい政府や、自分の新しい社会的地位などから、新しい考えや習慣を受容するようになった。かれらは、大いなるわれわれの「アルマ・マータ」の広い膝〔母国を離れてやって来る人びとを養い育てる母として、アメリカ社会をとらえたもの〕に受け入れられたことで、アメリカ人になるのである。ここではすべての民族の人びとが溶け合って、新しい人種が生まれている。これらの者たちの労働とその子孫たちは、世界を大きく変えることになろう。」

これは、アメリカ化の過程で、人びとの民族的背景にとって代わる全く新しい生活様式が生まれるという考えを、最も早く表明したもののひとつである。しかし、これには、いくぶん曖昧なところと不正確なところがあって、のちに、誇らしげに語られた「人種のるつぼ」という伝承や神話の一部となったし、アメリカの社会でエスニシティーがもつ決定的な要素をかなり誤って伝えることにもなった。そこでは、ペンシルヴェニア・ダッチの人びとが自らの言語や宗教や生活様式を固守したその粘り強さが無視されていた。また、ニュー・ジャージーのスウェーデン人がいかにスウェーデン人であり続けたかということや、フランスから来たニューヨークやチャールストンのユグノー教徒が、自分たちの過去がすべての光と生命の源であるかのように思い、それにどれほど執着したかということが、見過ごされていた。クレヴクールが描いた過程によれば、アイルランド系カトリック教徒が「アルマ・マータ」の広い膝の上で同化し、アジアの人びとが等しく「大いなるアメリカの饗宴」の席につくという考えなどは、遠い将来のいかなる時にも出てくるはずがなかった。

ヨーロッパ人だけがアメリカ人になり得ると示唆することで、クレヴクールが、当時すでにいた七五万人の黒人をその子孫の世代まで含めて、アメリカ人化の過程から除外したことは明白である。黒人は、その後少なくとも二世紀の間、アメリカ人にはなれないものと見なされることになる。たしかに、アフリカ人を祖先とする人びとの数は非常に増えていくのだが、かれらがアメリカ人たり得ないという考え方のほうは、なかなか変わらなかった。そして、たんに奴隷身分からの解放ということにすぎなかったにせよ、黒人のアメリカ化が実際に起こった時、その変化はきわめて遅々としたもので、自由が「アルマ・マータ」の広い膝の上では平等を意味するとまでは全く考えられなかった。建国の父祖たちと同様に、クレヴクールも考えおよばなかったのは、彼が熱っぽく説く共通の事業に、奴隷の身であれ、自由の身であれ、黒人が真のアメリカ人となって、同胞として喜んで参加するということである。クレヴクールの議論は、まるで、アフリカ人の子孫に関するかぎり、かれらのエスニシティーが余りにも強力なので同化が望めないか、あるいはその魅力が余りに乏しく、同化自体が望ましくないとされるほどに取るに足りないと言うようなものだった。ともあれ、一八世紀末におけるアメリカ化は、ヨーロッパ人の子孫という選ばれた人びとだけが慈しみ、享受する、貴重なものだったのである。

したがって、建国の頃には、民族的背景の如何にかかわらず、誰でもすべての者がアメリカという大世帯に喜んで迎え入れられるというような風潮は全くなかったと認めざるをえない。独立のために戦うよう招かれたのは、ヨーロッパ人だけだった。そして、独立のために戦っていた愛国者たちが、やっとのことで態度を和らげて、アフリカ人の子孫にも戦う機会を与えた時も、その譲歩はまさに不承不承のことで、さんざん言葉をにごしたうえに、逡巡を繰り返したあげくのことだった。新しく誕生した州とその連邦国家において、完全な市民として認められたのはヨーロッパ人だけだった。また、建国の父祖たちがアメリカ合衆国憲法を起草した時、その憲法が人種・民族の違いに基づいた区別をしていることを、かれらが気にしていた形跡は見あたらない。

もし、アメリカ合衆国の歴史において、民族的排外主義の原理がこんなに早くから、しかも、かなり徹底して採用されていたとすれば、この原理が、やがて、アメリカ人になろうとしてやって来るたくさんの人びとの人種的・民族的背景を審査する基準となっていったのも驚くにあたらない。しかも、ヨーロッパ人でさえ、この審査を免れなかった。そんなわけで、一八一九年に、ユダヤ人移民は、自分や仲間たちが「劣等移民」と言われるのを耳にして、冷水を浴びせられたような気持ちになった。一〇年後には、カトリック教会にたいする、それまでになく多面的で容赦のない攻撃が始まった。次の二つの点で、教会は悪い影響をおよぼしていると考えられていたのである。第一は、その主たるメンバーが、旧世界の社会秩序の「くず」とされたアイルランド系移民であったこと。第二は、教皇が最高の権力をもつという原理は、アメリカ合衆国の政治的・宗教的独立という思想に相反するということだった。プロテスタントのアメリカ人の警告によれば、ローマ・カトリック教徒は、教区学校やカトリック系の新聞や不道徳な修道院などの活動によって、アメリカの政治体制を転覆させるという広範な陰謀に携わっているとか、どんどん西部に移住して、そこをカトリック教徒で一杯にして支配下におこうとする邪悪な意図をもっているなどと言われていた。カトリック教会や修道院が焼かれ、カトリック教徒が殺されたことは、多くのアメリカ人が宗教や文化の違いをいかに重大視していたかを示すものだった。こうした違いにたいして、かれらが感じていた嫌悪感や猜疑心は、ほとんど偏執狂的と言ってもよかった。まもなく、外国生まれの人びとにたいする嫌悪感は普遍的と言えるほどに広まり、ローマ・カトリック教徒自身が、あとから新しい共和国にやって来た人びとにたいして敵意を抱くようになった。ある者は、移民の波が押し寄せるたびに、貧困と犯罪が持ち込まれる恐れがあると訴えた。また、ある者は、外国から新しくやって来た人びとが共和国の自由を脅かすと感じた。あとから来た人びとのエスニシティーが異なっていることが、ピューリタン国アメリカの道徳水準を低下させる直接の脅威だとみる者もいた。また、労働市場における新参者との競争を心配した人びともいた。同化できない人びとがこんなにも流入すると、国民の同質性という理想が消え去ってしまうと信じこむ人びともいた。まもなく、アメリカ全土で排外的な結社が生まれ、一八五〇年には、「星条旗の騎士団」という新しい全国組織が結成された。「ノー・ナッシング党」の組織的母体となったその騎士団は、「アメリカ人のためのアメリカ」というスローガンを掲げて恐怖心をあおったために、多くのアメリカ人は、自分たちの国が、現にアメリカ合衆国にいるさまざまなエスニシティー集団の急進的な非アメリカ主義によって、絶望的なまでに覆されつつあると考えるようになった。

　南北戦争前の白人移民のエスニシティーの多様性については、いわば両義的評価がされていたとしても、それは南北戦争後に広まった、移民についての見方によってかき消されてしまった。

その見方によれば、「旧」移民は、少なくとも同化可能であり、「ほぼアメリカ全土にわたって、あらゆる活動の流れに実質的に加わった。」英語を話せなかった人びとでさえも、アメリカ生まれの人びとと自由に混じり合い、速やかに同化していった。一八八〇年以降にやって来た「新」移民については、そうはいかなかった。かれらは、「アメリカ生まれの人びとや、先に来ていた移民たちとは離れた地域に仲間同士で住み、そのため、なかなか同化が進まなかった。」かれらが違っていて、ほとんど同化されなかったのも驚くに値しない。かれらは、オーストリア・ハンガリー、イタリア、ロシア、ギリシャ、ルーマニア、トルコなどの国々から来ていた。かれらは違った服装をし、聞き慣れない言葉をしゃべり、異国的とまでは言わないにしても、変わった習慣を墨守していた。ボヘミアやモラヴィアやフィンランドから来た人びとは、アイルランドやドイツから来た人びとより文盲率が低かったし、ユダヤ人は、スコットランド系を除けば、他のどのグループよりも熟練労働者の割合が高かったが、そんなことは、さして重要なことではなかった。また、実際は、いわゆる「新」移民の同化の過程は、いわゆる「旧」移民と同じくらいの速さで進行していたのだが、これも、たいした問題ではなかった。

重要なことは、新しい排外主義《ネイティヴィズム》が、一九世紀初頭のどの反移民勢力やグループとくらべても強力で悪意に満ちたものだったこと、そして、これらのグループの人びとが、自分たちと違った人びとを、波打ち際で追い返すか、アメリカ社会が汚染されないように、かれらを隔離しようと意を決していたことである。古株のアメリカ人は、アメリカの諸制度やアメリカ的生活様式を守るために、組織を作るようになった。アメリカに来て五年から一〇年の者たちが、自らを古株のアメリカ人と称して、やって来たばかりの人びとにたいする攻撃に加わった。アングロ・サクソンの優越性を礼賛する風潮は社会にほぼ浸透していたが、その血統に生まれなかった人びとも、自らをその名誉ある仲間とみなしていた。それ故、かれらは、アングロ・サクソン的諸制度の美点を誰にも劣らず心から賞賛することができたし、厳密にはアングロ・サクソン的でない思想や慣行を、誰にも劣らず激しく非難できたのである。可能なかぎり、かれらは「アメリカ防衛協会」や「移民制限連盟」に加入し、アングロ・サクソンに疑似的同化を果たすことによって、自らのエスニシティーを曖昧にしてしまった。しかし、結局のところ、かれらのやり方は成功しなかった。アングロ・サクソン複合体の傲慢さと横柄さは、東欧からのユダヤ人や中欧からのモラヴィア人や中東からのトルコ人を包み込むほど寛大なものではなかった。アングロ・サクソンの権力と勢力は他を圧倒し、それ以外の人びとは、文化的多元主義の美点を称揚することで自らの痛みを癒したのである。

その頃——つまり、一九世紀の末——までには、アメリカ合衆国は、そのエスニシティーの高尚な基準をかなり明確なものにしていた。その基準はアングロ・サクソンを規範とし、他の白人を「民族的保護観察」とでもいうべき状態におき、さらに、日本人や中国人や黒人は、まともな考慮の対象から除外するものだった。中国人や日本人が、この国に南北戦争後に大量に入って来はじめた時、かれらに苛酷な対応をするのは難しいことではなかった。かれらは、ただ、アメリカ人というエスニシティーの裁定者たちが公布した基準に合わなかったのである。かれらは、人種・宗教・言語が違っていたし、公私両面の道徳観や徳性も異なっていた。かれらは、排除されなければならない存在であり、実際、かれらは排除されたのである。

白人が初めてアメリカに来たのとほぼ同じ頃からアフリカ人の子孫たちがいたことは、白人がエスニシティーを定義し、それを操作し得る状況を作り上げ、維持するのに役立った。かれらは、肌の色や人種、隷属という状況や全般的な地位の低さによって別け隔てられなかったとしても、かれらを取り囲む法律や習慣がその機能を十全に果たした。ピューリタンの地マサチューセッツでも、国際都市ニューヨークでも、国教会派のサウスカロライナでも、植民地の人びとは、黒人は奴隷であれ自由の身であれ、平等な人間社会の一員ではないし、そうなることもできないと明言していた。それ故、アメリカに来たばかりのクレヴクールには、黒人のアメリカ植民地軍入隊を認めようとしなかった愛国者たちと同様、黒人の基本的な人間性が見えなかったのである。黒人たちは、アメリカの地の新しい仲間とはみなされなかった。そして、それ以後、かれらの存在そのものが、数百万人のヨーロッパからの移民の到来以上に、エスニシティーの定義に深くかかわることになるのである。

自由社会でありながら奴隷制度を維持していることで、すでにいくぶんかは良心の呵責《かしやく》を感じていたアメリカ人たちにとっては、人種や身分の違いによって、黒人をアメリカ社会から排除するだけでは足りなかった。かれらは、さらに、黒人は道徳的にも知的にも肉体的にも劣っているのだと論じるようになった。測量技師で、年鑑の編纂者で、数学者で、時計技師でもあったベンジャミン・バネカーの驚くべき業績をよく知っていたにもかかわらず、トマス・ジェファソンはアフリカ人の知的能力についての疑いを払拭できず、その疑いをヨーロッパの友人への手紙の中で吐露している。ジェファソンが一八世紀末に思案していたことは、彼の死後一〇年と経たないうちに議論の余地のない定説となった。

南部では、知識人、法曹界や宗教界の人びとが、こぞって黒人を地球上で一番つまらない人種であるかのように描いた。奴隷制度は、黒人にとっては自然の定めであり、神の意志によって、かれらはずっと奴隷でなければならないのだと、奴隷所有者たちは論じた。ある信心深い牧師は、次のように述べた。「われわれは、奴隷たちの魂は神から託された聖なるものと感じており、それを欠陥のない完全なものにして神の前に差し出せるように努力するつもりである。……世界が奴隷制度とのかかわりで、われわれをどのように判断しようとも、われわれは、奴隷制度が神の教えを広めるための制度だと衷心から信じている。この世のすべての道徳的、宗教的影響を采配して、悪とみえるようなものから善を導きだし、あらゆる形の呪いから恵みがもたらされるようにするその神が、この制度を賜ったのである。」彼のこの言葉には、奴隷所有者たちが自らに課した、非常に難しい課題が示されている。奴隷たちがもたらしたものは、異端の邪教、不埒、放蕩と無責任だけだった。かれらは、自らを向上させるための精神的能力も道徳的衝動も、もち合わせていなかった。かれらの身元引受人――かれらの魂だけでなく肉体もが託されている人びと――が、かれらの向上に専心しない限り、かれらは文明化に向けて、ためらいがちな小さな一歩を踏み出すことさえできないのだった。

奴隷制度の、どちらかと言えば、控えめな正当化から始まったものが、まもなく、その強力で攻撃的な擁護論となった。のちの擁護論者たちにとっては、奴隷制度は共和国の殿堂の礎石だった。サウスカロライナ州のある知事によれば、奴隷制度は、慈悲深い神の摂理が南部という栄光の地に授けた最も偉大な恵みだった。実際、このような「恵まれた」制度がアフリカ人という「恵まれた」者たちを見出して、価値あるものとなったことは、驚くべき歴史の偶然だった。「子どものようで、従順で、あらゆる面で扱いやすい」アフリカ人は、奴隷としては理想的な存在だった。奴隷所有者たちは、この偉大な神の恵みを授かるにふさわしい者となるよう、励まなければならなかった。

黒人の実際の行動や言動は、何ひとつとして、こうした見方に大きな影響を与えたり、それを変えたりすることができなかった。黒人は、一八二六年のジョン・ラスワームのように、大学を卒業することもできたし、一八二九年のデイヴィッド・ウォーカーのように、奴隷制度をきわめて手厳しく批判的に書くこともできた。しかし、何も変わらなかった。一八五〇年代には、チャールズ・B・リーズンがニューヨークの白人大学で教師となり、同じ時期にフレデリック・ダグラスは新聞を発行した。しかし、かれらは、人種的・文化的背景を異にしていたために、アメリカ市民となることはできなかった。かれらは、ヘンリー・ハイランド・ガーネットのように、自らの能力や可能性について論じることさえできた。南北戦争に参加した一八万六〇〇〇人の黒人のように、かれらは、国家の統一と自由のために戦う権利があると主張することもできた。それでも、白人アメリカ人には、かれらの議論や行動をまじめに受けとめることなど、思いもよらないことだった。黒人たちは、ユダヤ人が東欧の野蛮で偏屈なコミュニティーに閉じ込められていたのと同じように、埒外におかれていたのである。

奴隷制度を正当化し、擁護するために周到に作られた黒人観は、奴隷解放によって消えるものではなかった。そのような黒人観を作り上げた人びとや、それを受け入れてきた多くの人びとにとって、その見方に間違いはないとの信念は揺るぎないもので、奴隷制度が崩壊したというだけの理由で放棄できるようなものではなかった。実際、もしも黒人が奴隷制度のもとで、ふときな野蛮人で愚鈍であったとしたならば、自由社会になっても他の人びとと対等に職務を果たすなどとは、とうてい考えられなかった。それ故、かれらを自由社会の一員にしようとする如何なる試みも、たとえ、それが黒人に新たな従属的地位を用意することであったとしても、激しく執拗な抵抗にあわずにはいられなかった。

南北戦争後に、四〇〇万人の解放黒人にそのような地位を作り出そうとした時、アメリカ人は、完全な同化を防ぐためにエスニシティーの要素を利用するのが好都合だと考えた。この方法は、いわゆる自由社会の白人には適切であり、ことによっては好ましいとさえ思われた。そして、そのことに関しては、かれらは多少なりとも経験を積んでいた。かつて、同化が問題となっていたのは、アイルランド人であり、ドイツ人であり、自由黒人だった。かれらは、さまざまな面で他の人びとと違っていて、望ましい市民になりそうもなかった。しかし、そのうちに、アイルランド人やドイツ人や、その他のヨーロッパ諸地域から来た人びとは成功して、「アルマ・マータ」の広い膝に受け入れられた。しかし、南北戦争直前の北部においてさえ、法律上の資格を奪われていた自由黒人は、そうはいかなかった。これが南北戦争後の問題の解決の鍵だったのだろうか？　たぶん、そうだろう。結局、黒人は、ボストンでも、ニューヨークでも、フィラデルフィアでも、他の北部の諸都市でも、一般の人びとから離れて、独自の集団を作っていた。かれらは町の一地域にかたまって一緒に住んでいた。他に住むところがない場合は、とくにそうだった。かれらには自分たちだけの教会があったが、それは白人が自分たちの教会から黒人を追い出してからだった。かれらには自分たちの学校があったが、それは白人の学校から締め出されてからだった。かれらには自分たちの社会組織があったが、それは白人が自分たちの組織に黒人を入れないようにしてからのことだったのである。

もし、黒人たちが、他のエスニック集団のように同じコミュニティーに住み、独自の教会や学校や社交クラブなどの共同の場をもつなら、それはそれで結構なことだ。そのことを、黒人は、むしろ「仲間同士でいる時のほうが幸せのようだ」と、恩着せがましく述べる者もいた。かれらは、ドイツ人やアイルランド人やイタリア人やユダヤ人のようだった。かれらには共有しているものがたくさんあり、守っていくものがたくさんあった。しかしながら、顕著な違いが、ひとつあった。ヨーロッパから来た人びとにとっては、ある集団を結びつけるエスニシティーの要素は、実際には同化が順調に進むように作用し、多くの点で、同化を促した。かれらの完全な市民権要求の努力を敵対勢力が挫こうとしたような時には、とくにそうだった。そして、時が経つにつれて、かれらは同化を達成したのである。

しかし、黒人たちにとっては、同じようにはいかなかった。かれらは、一八世紀から北部のゲットーに詰め込まれていた。かれらは、一七九二年に自分たちの教会を設立し、一八〇〇年に自分たちの学校を設立していた。そして、この分離状態と社会的追放は、黒人たちが実際に自らのエスニシティーを保持するためのものとして、州や連邦の法律の絶大な権威によって支えられ、強制されたのである。そして、かれらが自らのエスニシティーを保持したため——警察官のピストルや民兵の散弾銃の銃身を見てそれを思い知らされることがほとんどだったのだが——完全な市民権というのは何光年もの彼方のように思われた。かれらは、他のエスニシティー集団が、ひとつ、またひとつと自分たちを追い越して、「星条旗の騎士団」や「アメリカ防衛協会」や「クー・クラックス・クランの騎士たち」に加わり、自分たちが完全に同化しているわけでもないのに黒人の同化に猛烈に反対するのを眺めてきた。ヨーロッパから来た人びとにとっては、アメリカ人になる途中の通過駅であり、一時的な休憩所であった民族的まとまりは、本当のアメリカ人になることが、実際、不可能だということを悟らされた黒人にとっては、終着駅となっていた。

これについての説明や、少なくとも正当化の弁はあった。連邦政府と州政府は、黒人を完全な市民として法律によって白人と平等にしようとしたが、これは不自然なことだったので、もともと成功の見込みはないことだった。また、社会進化論者は、黒人は平等な市民には不適格だったので成功しなかったと述べた。黒人は野獣であると、チャールズ・キャロルは、いかにも粗野な言い方で明言した。「国家は社会的慣行を変えることはできない」と、著名な学者のウィリアム・グレーアム・サムナーは理論づけをした。指導的な経済学者のひとりであるジョン・R・コモンズは、黒人が解放されてからの四〇年は失敗だったと述べた。このいわゆる失敗という認識は、選挙権剝奪や人種隔離や差別として特徴づけられる、南部流の人種問題の解決の仕方に、北部のあらゆる人びとが実際に何の抗議の声を上げもせず黙認したために、国中に広く認められることになった。

ここに、新しく、風変りなエスニシティーができた。それは、劣等性の標章であり、アメリカ社会のどこでも広がった、特定人種冷遇の象徴とみるべきものだった。たとえば、それは、黒人が投票という聖なる儀式に参加するのはふさわしくないなどと、もっともらしく正当化することで、黒人を投票所から排除したり、公共の場所に出るための裏階段や貨物用のエレベーター、白人は乗らない傷んだ客車や、黒人だけの絶望的なほど条件が劣悪な学校を用意したり、墓地さえ人種別に隔離することに、あらわれていた。エスニシティーを考慮することが、アメリカの社会政策の形成にさいして、これほどにも重要視されたことはなかった。このように、ひとつの集団の社会的役割や地位を決めるために、アメリカ政府がエスニシティーを使ったということは、他の民族集団にたいしてはなかったことだった。アメリカ合衆国は、その混沌とした多様なエスニシティーの背景を秩序あるものにしようと苦心を重ねていた。ひとつの偉大な社会にすべての集団を同化するのが困難なことを、はばかりながら認めていたところからさらに進んで、人種の違いだけを根拠に、ひとつの集団をまるごと無条件に、場合によっては法律で完全に排除することで、合衆国は同化政策の失敗を公言されることとなったのである。

この過程で、単一のアメリカとアメリカ人という当初の考えに、癒しがたい傷がつけられてしまった。黒人の選挙権剝奪と人種隔離をもたらした感性が、今度は、ユダヤ人、アルメニア人、トルコ人、日本人、中国人などにたいする、際限のない多様な差別を助長した。あるエスニック集団を意図的に貶《おとし》めようとするのは、精神が蝕まれているためである。そこから、加害者と被害者の双方の感性が鈍り、社会の下層だけでなく上層にも憎悪と露骨な差別意識が生まれる。それは、最も高い教養を身につけた学者にさえ影響をおよぼし、クー・クラックス・クランのメンバーや、それより低劣な人びとと、たいして変わらない人間にしてしまうこともある。それ故、ハーヴァード大学での最も権威ある賞のひとつを受賞した人を讃える晩餐会の席で、バレット・ウエンデル教授が、「もし黒人やユダヤ人がこの賞を獲得するようなことがあれば、晩餐会は取り止めにしなければならない」と警告を発したことは、ごく自然のことだったのである。

一八八六年に自由の女神像が贈られた時には、その像の台座に刻まれたエンマ・ラザルスの言葉には、何か虚しい響きがあった。「自由を切望して」、貧しく、疲れはて、詰め込まれるようにしてやって来た人びとが、本当にこの国で歓迎されるなどと、本気で信じる人が誰かいただろうか？　この国は、数世紀にもわたって、ここに住んできた何百万何千万人という黒人たちを、徹底的に、下層民や不可触賤民のように扱う国なのである！　この国は、虐げられた人びとが白人で望むらくはアングロ・サクソン系でなければ、心からの関心や同情を受けることはない。このように解釈しないで、どうやって、自由の女神像に表現されている感情を解釈できようか？　新しくやって来た人びとの中には、自分を受け入れてくれた国で、自らのエスニシティーが成功への障壁となっていることを知って幻滅した者もいた。黒人たちは、不運にも自らのエスニシティーが貶《おとし》められているために、三世紀にもおよぶ労苦と忠誠が何にもなっていないことを、再三再四、思い知らされ、身を焦がされ、希望を砕かれるような思いを味わってきた。

機が熟して、二〇世紀の然るべき時に、この国は、その歴史的発展の要素としてのエスニシティーに関する真実に直面するだろう。その時には、クレヴクールの言葉は、現実には重要性をもたないだろう。独立宣言の文言は、現実には意味をもたなくなるだろう。エンマ・ラザルスの言葉は、真実の響きをもたなくなるであろう。このような感情はすべて、政策や個人の行為というレベルで厳格に審査され、言行不一致の判定がされるだろう。クー・クラックス・クランは、ユダヤ人やカトリック教徒や黒人の道徳性や、人間としての尊厳に挑戦することになろう。新しい移民法による受け入れ割当は、人種と出身国によってエスニシティーの価値を定義するだろう。入居制限約款は、どの家にどの人種あるいはエスニシティーの人びとが住むか、あるいは、そもそも、そのような人びとが家と呼べるようなものを持つべきかどうかさえをも決める権限を、きわめつきの偏屈者の手に委ねることになろう。かりに、ある集団が活路を見出して成功を収め、アメリカ人として受け入れられるようになったとしても、それは人種に基づいたものであり、今やアフリカ系以外の人ならほとんどすべての人を受け入れるだけの幅をもって人種が定義されるようになったからにすぎない。

そのような時までには、アメリカ社会におけるエスニシティーは、特別の明確に定義することのできる意味をもつこととなっているだろう。その意味するところは、連邦の国勢調査で「その他」とか「非白人」などと漠然と定義されている人びとの集団を指すものとなるだろう。それは、同化せず、同化されえなかった人びとにたいする残念賞としての「文化的多元主義」という、とっておきの言い方とどこか共通するところがある。それは、スラム街を婉曲に「市内地区」と呼ぶことで、そこに住む人びとの体面を損なわないように配慮するのと同じである。それは、たんに人種的というよりも感じがよく、より洗練された響きがあるし、ともかく、露骨な表現をなんとか避けようとする、それなりにまじめな言葉探しと言えよう。しかし、一九六九年には、幼い子どもでさえも、エスニシティーがどんな意味をもつようになったかを理解しているだろう。

その言葉の歴史を概観すると、エスニシティーという言葉は、その真の意味において、人種を超えるものとなってきたし、それはさらに広い意味に拡大し続けるだろう。ときには、それは言語・習慣・宗教や出身国などを意味してきた。それは人種を意味することもあったし、人によっては、それは常に人種しか意味しなかった。それは、一八世紀にすでに人種的意味合いをもつようになっていた。一九世紀には、他の要素も大きくなっていたが、その意味の中で人種という要素が占める割合は拡大していた。今世紀に入ると、他の要素の重要性が後退したため、人種的な理解がさらに大きな意義をもつようになった。もしも、エスニシティーの歴史が過去三世紀において何らかの意味をもっていたとしたら、それは、文化や人種の違いにたいする寛大で健全な見方から、気まぐれや不寛容や人種的偏見としてあらわれる、偏狭で実りのない差異の概念への、緩慢ではあるが着実な後退を意味していたのである。われわれは、一周してまた振り出しに戻って来た。実際にアメリカ人として受け入れられるのは、今だにクレヴクールが二〇〇年も前に記述した人びとである。しかし、本当のアメリカ人というのは、受け入れられようが受け入れられまいが、人種にかかわりなく人間性を重視しようとする人である。アメリカ合衆国初期の歴史の中でも最大の悲劇のひとつは、エスニシティーが余りにも狭く定義されたことだった。今日の最大の悲劇のひとつは、それが今も変わっていないということである。この国とその国民が、いつの日か近いうちに、エスニシティーを、人種のまとまりとしてではなく、人間性として再評価するようになることを、今は願うばかりである。

第五章

大いなる対決——社会変容の問題と南部

　人類史上、最も注目すべき海外事業に自分の運命をかけてみようと決心したヨーロッパ人たちの心をとらえたのは、新世界を自分たちが夢に描いてきた理想郷だと考えたり、これからそれを作り上げようとするチャレンジだと考える見方だった。もちろん、新世界に住みついた人すべてが自分の意志でやって来たわけではない。身寄りのない孤児が無理やりに連れてこられたこともあったし、イギリスの都市の街角や酒場から浮浪者が送られて来た場合もあった。また、ヨーロッパの多数の牢獄から債務に苦しむ人びとが送り込まれた例もあった。そして、「人間性そのものにたいする残虐な戦争*」によって、自分たちの「生命と自由の最も神聖な権利*」を侵害された、あの不幸なアフリカ人たちもいたのである。しかし、その人自身の前歴や祖先とは関係なく、新天地へやって来た人びとは、それぞれの立場で、そこに住む人びととの願望を完全に満足させるようなエデンの園を見出すか、あるいはそれを作り上げなければならないという、執拗な衝動にとらわれることになった。じじつ、多くの人びとが、「新世界に広がる広大な空間の中に、自由で完全な社会の実現」を頭に描いたのである。

＊　トマス・ジェファソンの独立宣言草案の中で、国王ジョージ三世の専制を非難する箇所に、黒人奴隷貿易に関して、このような表現が使われていた。この部分は大陸会議において全部削除された。

いたるところで、完全な社会を目指す探求が行なわれていた。ニューイングランド人たちは、一連の宗教組織と経済制度を作り上げて、その中央集権的なコントロールによって一切の逸脱も差異も認めないようになると、自分たちは理想郷の実現に向けて前進したのだと考えた。大西洋岸の中部植民地の人びとは、自分たちの多様性の中にこそ、将来の繁栄と平和を可能にする鍵があると感じていた。南部では、永続性があり、信頼できる労働制度のうえに築き上げられた商品作物経済が目を見張るような成功を遂げた結果、白人居住者たちは、北部の人びとの一部を悩ませていた社会不安から完全に解放された社会秩序を打ち立て、それを維持していく機会に恵まれたのだった。永続的で、しかも満足できる生存の状況を作り上げるには、ただすでに存在している状況を洗練していくことだけが必要なのだと、ほとんどの指導者には思えたのである。

しかし、万人にとっての理想社会は、すぐに実現できたり、容易に手に入れられるものではなかった。いや、じつのところ、どんな人にとってであれ、理想社会の実現は簡単ではなかったのである。ほどなく、ニューイングランドでは、宗教的に主流に合わない人びとが権威にたいして挑戦する声を上げ始めた。ついには、不安におびえる人びとが新世界の最初の地で成し遂げることのできなかったことを新しい土地で再び試みるべく、新天地へ移り住むようになった。ニューヨークやペンシルヴェニアに住む人びとも、自分たちが自慢に思っていた多元主義が完全には満足のいくものではないことを悟り、やはり西へ向かって集団移住を始めた。南部に住む人びとでさえ、限られた収益に不満だったり、奴隷制経済の中で競争できなかったという理由で、征服すべき新しい世界を求めて、山脈を越えて南西部の土地に目を向けるのだった。かれらが去って行った後も、土地に留まった人びとは、以前とくらべて僅かでも幸福になったわけではなく、依然として、自分たちの経済制度の中で新しい取り決めを結ぼうとしたり、宗教上の行為や仲間との関係のもち方を現在よりも満足できるものに変えていこうと求め続けたのである。地域によっては、工業化を進めたところもあり、新しい宗教の出現を快く受け入れるか、あるいは少なくとも、それを黙認した地域もあった。そして、なかには奴隷たちを解放する州まで出てきたのである。

こうした新しい妥協は、いくつかの問題を解決したが、また同時にそれと同じくらい多くの問題を生み出した。工業化には資本が不可欠だったが、その資本はいつも手に入るわけではなかった。今や「自由」になった州に住む、かつての奴隷たちは、数のうえではそう多くはなかったが、自由労働市場で白人労働者と競合する立場となり、その面倒な存在が、かれらの社会的地位をめぐる論議を引き起こした。新しく生まれた宗教や以前からある宗教の近代化が原因で、人間の魂を捜し求める不安な時代が訪れ、世俗的な組織だけでなく宗教的組織にたいしてさえも、その不変性についてさまざまな疑念が生まれた。完全な社会の探求は、決して終わることがないように思われた。

しかし、その中で、南北戦争の三〇年前になって、南部という地域だけが理想社会の探求を中止したのだった。南部人の完全性への探求は、北部人ほど精力的でなかったにせよ、幸運に恵まれたものだった。何故なら、かれらは、完全な文明を構成するのに必要だと考えていた要素をみな、すでに見つけていたからである。やがて、かれらは自分たちが見出したものを、熱狂的に守り抜こうとするようになった。

南部白人が、自分たちの考える完全な社会の意味を明確にしていったのは、北部との地域間論争を通してであった。そして、かれらが実際にその意味内容を明確にした時には、自分たちがそのような社会をすでに達成していることを確信していたのである。北部では、超絶主義者たちが、人間の完全性という考え方を唱えたが、その重点はむしろ人間の社会秩序の不完全さを示すことにあった。これにたいして、南部では、一般に人間というものは邪悪なものだという合意が存在していたが、その真の意図は、社会の秩序がいかに完璧であるかを示すことにあった。さまざまな領域で、北部の改革者たちは、変化をもたらそうと努力した。かれらは、女性にたいして男性と同等の権利を認めたり、経済制度の中で労働者を資本や経営側と対等なパートナーとして認めることを要求し、学校制度の民主化を求めた。そして、なによりも、かれらは奴隷制度の廃止を主張したのだった。また、なかには、牢獄の改善とか、平和運動、宗教的多元主義など、個別具体的な要求をもつ者もいたし、社会に何の信頼も示すことができずに、アイオワ州のアイカリアやオハイオ州のゾアのような共同社会村落に引きこもってしまう者もいた。

南部では、これ以上望むべくもないほど、すべてうまくいっていた。経済制度は、実際上完璧だった。ある著述家が主張しているように、奴隷制度は、資本と労働を「見事に配合し、調和させ、一体化させる」力なのだ。「このような資本と労働の一致団結があるおかげで、南部は、北部や西ヨーロッパを苦しめている社会悪や道徳悪、物質的悪や政治的悪から免れている」というわけである。奴隷制度を使って労働力の完全な配分を達成しているという視点であれ、奴隷制度のもとでは必然的に怠惰な者も勤勉な者と一緒に働かなければならないという見方であれ、また、土地や他の資源の最も有効な利用の仕方であるという考え方であれ、どのような角度からみても、南部の経済制度は、人間が望みうる限り、またこの世で手に入れたいと思う限り、最も完全に近いものだった。

南部白人の目には、南部の政治制度は、すばらしい成功だった。白人の男性は、肉体労働の苦労や苦役から解放されて、自由に政治の問題に自分の注意を注ぐことができるのだった。その政治の問題とは、ジェームズ・ヘンリー・ハモンドによると、南部の政治制度と社会制度の調和だった。「この調和があるからこそ、南部は、世界で最高の社会的枠組みをもち、それと同時に、地球上これまでどんな民族も享受したことのないほど高い政治的自由を、社会の安定を犠牲にすることなく実現しているのである。」共和国にとって欠くべからざる要素は、万人の完全な政治的平等であるなどと論じるのは全く馬鹿げていると、奴隷制寡頭権力は主張した。それどころか、不平等は共和政体の重要な要素になっていると、連邦下院議員のトマス・L・クリングマンは言う。奴隷制度に関して言うと、合衆国憲法自体が奴隷制度や人間の不平等を認めているのだった。この事実は、南部の立場にとって、きわめて重要だった。一八二〇年にウィリアム・ピンクニーは、次のような的を射た問いを発した。「もし、共和政体の政府において、その権力を行使するためにすべての人(男性)が助け合い、平等の権利をもたなければならないというのが本当だとしたら、……なぜ、女性は、みな、そうしなくてもいいのだろうか。」いや、黒人や女性に対等の権利が与えられていなくても、そして、おそらくはそのような権利が与えられていないからこそ、南部の政治制度は理想的な制度なのである。

南部の生活の中で白人女性の果たす役割は、まるで法律によって定められたような厳密さで決められていた。もちろん、女性にたいする法律上の規制も、ある程度、存在していた。たとえば、法廷に告訴することができなかったし、訴えられた場合に夫とは別に単独で争うこともできなかった。また、夫とは別に財産を所有することもできなければ、結婚以前から持っていた財産であっても、夫の承諾なしには、それを処分することもできなかった。しかし、慣習や伝統によって定められた南部の女性の役割は、法律による取り決めよりも、限りなく要求の厳しいものだった。何故なら、アン・Ｆ・スコットが述べているように、「現実」という、どちらかというと魅力に乏しい毎日の生活の中で、数多くの仕事をこなしていく一方で、「イメージ」のうえでは女王としての役割を果たさなければならなかったからである。したがって、南部女性は「内気で慎ましく、美しくて上品な」存在であり、「神の手による創造物の中でも、最も魅惑的な生きもので、……彼女の行くところどこでも、交際する仲間たちにとって喜びとなり、また魅力になるのだ。」しかし、彼女は、他方では従順な生きものでもあって、「その存在意義は、夫を愛し、敬い、その意志に従い、そして時には楽しませたりもすること、また子供を育て家庭の切り盛りをすることにあるのだった。」それは、ときとして残酷で、つまらない役目になることもあった。友人たちに会うこともできず、夫の日常の活動の多くを知らされていないために、自分に割り当てられたイメージを裏切らない暮らしをすることが、このうえなく困難な状況に陥った時には、とくにその役割が辛いものに感じられるのだった。

夫の行動から隔絶した状態にあって、彼が何をしているかわからないという中でも、ひとつの点はとても苦痛だったにちがいない。それは、彼女の夫たるべき人物が、自ら黒人女性に割り当てた役割のあり方だった。奴隷小屋への夜間の訪問が行なわれていた。いや、その点に関して言えば、大胆にも日中に訪問することもあったのである。家族の者を一緒に連れて行くことが「都合良くない」からと言って、チャールストンやモービル、ニューオーリンズへ一人で出かけて行くことも多かった。それから、プランテーションでは、混血の赤ん坊が次々に生まれていた。このような事実のひとつひとつが、女主人の期待に応える能力をすり減らしていったのである。しかし、黒人女性にとっても、運命は白人の女性に劣らず困難なものだった。「一四歳か一五歳になると、主人か、その息子か、奴隷監督か、あるいは、おそらくその全員が、プレゼントを持って来て買収しようとし始めるのです」と、彼女たちの一人が言う。「もし、これでもうまくいかなければ、その子は鞭で打たれたり、食べ物を与えられなかったりして、結局、かれらの意志に服従させられてしまうのです。」

一八五五年の秋に、フレデリック・ロー・オームステッドがリッチモンドを訪問したとき、彼は、「整った顔立ちをした混血黒人《ムラトー》すなわち、ほとんど白人と言っていいほど肌の白い黒人が大勢いる」のを見て「驚いた」と、記している。「黒人の女性の多くは、身なりにただ金をかけているだけでなく、パリの最新流行に合った趣味の良い服を効果的に着こなしていた。」オームステッドが目にした黒人女性のうち、およそ四分の一の人びとが、「はっきりとアフリカ的とわかる顔立ちの特徴をすべて失っていて、その代わりに、南ヨーロッパの多くの女性たちに共通してみられる特徴の、あの肉感的な表情をかなりの程度まで備えるようになってきているように思えた。」あるプランターの妻は、「メイドを長く家にとどめておくことが不可能なことを悟った。それというのも、彼女の夫のみだらな欲情から逃れられる者はいなかったからである。この夫は、自分のプランテーションにいる約四分の一の奴隷の父親で、かれらは、みな女性の奴隷たちに生ませたものだった。」また、別のプランターの妻は、「昼夜絶え間なく自分の夫を監視していた。しかし、夫はその監視を逃れる術に長けていた。」家を訪ねて来た人が、召使い奴隷の少女を主人の家族の一員だと勘違いして、その子にそれにふさわしい親しさで話しかけた時、女主人が我を忘れて怒り出したということがあったが、それも無理からぬことである。しかし、一八六〇年までに合衆国で五〇万人の人口を数えた混血黒人《ムラトー》は、南部白人がそれほどまでに愛着を感じ、傾倒するようになっていた完全な社会の中の不可欠な構成要素だったのである。

南部白人の社会秩序は、黒人をすべて下位の地位に服従させることによって、絶えず自分自身の優越感を育んでいくものだった。黒人たちが奴隷の身であるか自由であるかは問題ではなかった。もちろん、自然に基づいたかれらの運命は、奴隷としてのものだったけれど。黒人は、白人たちの必要性や願望、それにかれらの自尊心までも満足させるという、ただひとつの目的のために存在していた。白人支配層にとって、南部の社会秩序を維持することが非常に大切だったので、かれらはそれを支えるために、その人の経済的地位や社会的地位にかかわらず、すべての白人を動員したのだった。肌の色は、人種の違いを示す名誉の記章だった。そして、すべての白人は、自分の人種的な栄誉を誇りに感じることができたのである。「私たちのあいだには、大きな階級が、たったひとつあるだけである」と、エイベル・P・アプシャー判事は明言した。「そして、その階級に属する者は、みな、必然的に互いに共感を抱いている。私たちには、大きな利害がたったひとつ存在するだけである。そして、それを手にしている者は、みな、等しくそれを維持し守り抜く覚悟ができている。」

白人は黒人よりも優れているとする人種優越感は、奴隷制擁護論の中心になったばかりでなく、また同時に、南部文明の「礎」として、南部人がそれにしがみつく強迫観念にもなったのである。「公共社会における自由と経済制度としての奴隷制度は、同じ揺りかごの中で一緒に育てられてきた」と、ロバート・トゥームズは断言した。このような見方は、白人が「進歩や文明、洗練された教養など」に夢中になっているのにたいして、アフリカ人は「生活上の退屈な仕事」をこなすのに必要とされる活力と従順さと忠誠心を、あわせもっているという、ジェームズ・ヘンリー・ハモンドの議論を支持するものだった。ほかにも、多数の人びとが、自分の哲学的な推論を述べたり、科学的な「研究結果」を提示したりして、黒人は奴隷という運命を避けることができないという議論を正当化するのに手を貸した。黒人は、生理学的に白人よりも劣っており、情緒面ではおとなになっても子どものようであり、知能の面では絶望的なほど遅れている。ただ、黒人たちにとって幸運なのは、かれらが才能と美徳、寛大さと勇気を特徴としてもった貴族に所有される財産であることだというのだった。

当時、合衆国に住む全黒人の一〇分の一以上が自由黒人で、そのような人びとの中には経済人や知識人として成功した人もいるという事実があっても、南部白人の完全な社会にたいする信頼は少しも揺らぐことがなく、かれらは黒人をいかなる社会的地位に値する存在としても認めようとしなかった。自由黒人は賤民であり、白人は、それを確定するために法律を制定した。逃亡する奴隷の数が、毎年、確実に増加しているという事実が不安を生み出していたが、白人たちはそれを巧みに押し殺していた。逃亡奴隷は、「逃亡願望症《ドレイプトマニア》*」という病気に感染していて、この病気は鞭で打つことによって治療することができるとか、かれらは奴隷制廃止論者の邪悪な陰謀の犠牲者なのだから、いっそうきびしい法律や直接行動によって、一掃するしかないということが論じられた。奴隷反乱が起こったり、それが起こるかもしれないという噂がささやかれているという事実は、奴隷たちの中には頭がおかしい者や不道徳な者がいることを裏付けているのだから、そのような者には絶えず監視を欠かさないで対応するのが一番だとも言われた。いずれにせよ、奴隷制度は布教を目的とした偉大な社会制度であって、「神の手で定められたもの」なのである。ジョージア州のスティーヴン・エリオット主教は、次のように言う。「私たちは神の御旨を成し遂げようとしているのだから、それが成就されるかどうかという問題は、すすんで主の御手に委ねるつもりです。」

＊　一八五一年に、ニューオーリーンズの医師サミュエル・W・カートライトが、黒人奴隷の間に自由を求めて逃亡を企てる一種の「精神病」が流行していると報告した。所有者が奴隷をきびしく扱いすぎたり逆に寛大でありすぎると、この病気が発生しやすいとされ、治療法としては、奴隷に従順さを教え込むために鞭打ちなどが効果的だと指摘された。

しかし、南部白人は、そのような問題をすべて神の手に任せることはしなかった。たとえ、かれらの宗教上の制度が神によって定められたものであったとしても、その制度自体は、例の完全な社会を洗練し維持していくという目的をもって、人間の手によって築かれ運営されていた。白人たちは、どんな宗派であれ、その正統的な教えが南部の社会秩序と完全な調和を保つように心を配って、ある評者が「南部的な宗教」と呼んだ状況を作り出したのだった。教会は、飲酒や賭博、離婚やダンスなど社会不安の兆候をすべて非難した。じじつ、宗教団体の中には、自分たちの使命は、社会を再建するのではなく魂を救うことにあるとして、どのような改革案にもすべて反対するものもあった。

たとえ、理想主義者の中に社会変革を唱道したいと考える者がいたとしても、当時の状況のもとでは、このように現状を肯定する態度のほうが望ましかった。現状を批判する者たちは、政治指導者やプランターたちから、軽蔑とは言わないまでも、批判の目で見られていたので、指導者の正当性を疑うことは分別のある行為とは言い難かったのである。いっそのこと、積極的に現状を擁護する発言を行なうことが結果的に賢明なやり方になることが多かった。そういうわけで、教会の指導者たちは、キリスト教の影響によって、残酷さも和らげられているとして奴隷制度を正当化しただけでなく、なかには比類のない情熱を注いでそれを弁護した者もいた。奴隷制度は罪などではないと、かれらはそれを批判する者たちに言った。何故なら、その制度は人間の知る最高の法典に適合し、神の啓示に基づいているからである。じじつ、罪深いのは奴隷制廃止論者のほうであって、そのような者たちは聖書の中で、はっきりと奴隷制度が是認されているのに、そのことを認めようとしないのである。奴隷制論争が繰り広げられていくあいだに、南部の聖職者たちは、奴隷制擁護の目的に役立てられるかもしれない道徳的宗教的擁護論を、思いつくかぎり、すべて政治指導者に提供しつづけたのだった。

こんなわけで、自分たちの社会制度が史上最善のものだと考えていた南部人たちは、かれらの宗教的指導者が北部の宗教的指導者と袂を分かつのを見て、このうえなく喜んだにちがいない。長老派やメソディスト教会の先例に習って、南部バプティスト教会が自分たちだけの宗派《デノミネーション》を設立した一八四五年までには、奴隷制度は南部の正統的宗教の中で、創世記の中の天地創造の物語や黙示録の中のハルマゲドンと同じくらい重要な一要素になっていたのである。奴隷制度を奨励したり擁護したりする仕事が南部の聖職者の手に委ねられた時、他の誰にもまして安全確実にこの仕事を遂行する人が担当していくことになった。長老派の有能な牧師で思想家でもあったジェームズ・ヘンリー・ソーンウェルは、次のような言葉で、簡潔に奴隷制度の正当性を明言している。奴隷制度は、「神が人間を保護観察下において道徳的な執行猶予を与えているさまざまな条件のうちのひとつであって、そのような条件は、最高の精神的自由、すなわち人類に与えられた真の栄光と両立できないような条件ではなく、したがってキリスト教が定めた道徳的宗教的な規律に適合しないものではない。」

一八六〇年までには、南部白人の手によって発展してきた社会秩序を批判することは全くの愚行になっていた。他の地域に住む人びとが決して成し得なかったことを、南部人はやり遂げたのだった。そして、社会を変えようという意見は、どんなものでも容認しようとしなかった。改革が必要なのは北部のほうだと、かれらは主張した。それなのに、実際は北部が南部にたいして変革を迫っていたのだった。ジョージ・フィッツヒューは、彼特有の嘲笑を浮かべて、「奴隷制度をもたない自由な社会で、社会学という言葉やそのような科学が生まれて、奴隷制社会にはそんな言葉も学問も存在しないことをみれば、前者が病んだ社会であるのにたいして、後者が健康な社会であることは明瞭である」との見解を明らかにした。共産主義や社会主義、無政府主義といった急進的な運動が北部社会にみられるのは、その社会が失敗していることを明確に示している。もしも、奴隷制度がより広く受け入れられていたなら、「奴隷制廃止論者が提案している男女平等や限定婚姻、当事者の意志による離婚の成立、自由恋愛というような自然の摂理に反する改善手段」に訴える必要はないはずだと言うのである。

南北戦争以前の時代を通じて、南部は社会変化にたいしてどのような譲歩もしようとしなかったが、多数の死者を出した南北戦争で北部に敗れた後も、負けたからといって自分たちの社会を、今後、変えていかなければならないとは、全く考えなかった。たしかに、奴隷たちは解放され、南部連合は崩壊し、北部工業力の圧倒的な破壊力の前には、南部の農業主義は通用しないことが明らかになった。しかし、それは純然たる力関係のうえでのことで、勝った方が必ずしも正しいことにはならないのだった。「正義がいつも勝利を収めると人は言うけれど、私たち南部の大義より正当な大義が他にあり得ただろうか」と、一八六五年にエマ・ルコントは嘆き悲しみながら、心のうちを語った。彼女のような南部人は、南北戦争に引き続いて起こった変化を受け入れる心の準備ができていなかったのである。

明らかに、エマ・ルコントは多くの人びとの思いを代弁していた。南部白人は、奴隷制度の法律上の廃止というような、戦争の最も明白な結果は認めざるを得なかったものの、社会の中での黒人の地位に関してほとんど譲歩しようとしなかったし、また実際のところ、戦前とは異なる新しい社会秩序や政治秩序が出来たことを認めようともしなかった。自分の自由になるあらゆる手段に訴えて、南部の白人たちは社会変化に抵抗しようとしていた。そのために、一八六五年にも、それから共和党の再建政府を転覆した時にも、機会があり次第、かれらは再建期に成立した合衆国憲法修正条項の効果を無効にしようとつとめたのだった。その人の能力や技術、経験にかかわらず、黒人であるかぎり、いかなる公職にもつかせないと白人たちが誓い合っていたこの時期には、それまで例をみないほど口やかましく、南部の政治制度を完全な形のままで保持していくことが必要だという叫び声が起こった。一九世紀末までには、黒人たちはほぼ完全に選挙権を剝奪されてしまった。この事実だけを考えても、南部白人の変化にたいする抵抗がいかに成功したか、容易に理解できるのである。

南北戦争後に行なわれた再調整は、基本的には、革命的な変化の到来を阻止するため、あるいは革命的でなくとも重要な変化が起こるのを阻止するための再編成だった。このことは、南部の白人たちが「新秩序」に適応するために表面的な調整だけを行なったことをみれば明らかである。かれらは、かつての奴隷たちを自由な農業労働者として受け入れたが、その「自由」が見せかけの「自由」にしかならないという条件でのみ承諾したのだった。シェアクロッピング制度や債務小作制度のおかげで、旧秩序の指導者たちは、プーア・ホワイトの大衆を新しく作られた卑しい地位へ服従させ、ほとんどの黒人たちを不本意な隷従の状態に押しとどめておくことができたのである。また、かれらは工業化を受け入れたのだが、これも、かれら自身の決めた条件のもとでのみ容認したのだった。つまり、新しい産業は、プランテーション制度と驚くほど類似した方法で、稼働しなければならないとされたのである。新しく建てられる工場は、完全に白人専用とは言わないまでも、主として白人たちのためのものだった。黒人が雇われる時には、労働者の序列の中で最底辺部がかれらの「場所」とされ、上へのぼっていく望みを何も与えられずに働かされたのだった。黒人の工場労働者は、白人労働者全員が給料を受け取ってしまうまで、自分の僅かばかりの賃金をもらうために給料支払の窓口に近づいていくことすらできなかった。そして、黒人を辱めるためには、白人たちはどんなことでもやりかねないということをよく知っていたのである。

これまで、南北戦争前の南部社会の中で女性の果たした役割が、ロマンティックに描かれてきたが、これは現実であるよりも想像の産物であることが今日では明らかになっている。戦争前は人目につかないようにして果たしてきた役割を、戦争が終わると、南部各地で多くの白人女性が公然と行なうようになってきた。国勢調査《センサス》は、依然として彼女たちを「主婦」あるいは「家事従事者」として分類していたが、実際は、農場やプランテーションの経営をしたり、地元の学校で教師として教えたり、工場で働いたり、また数多くのサービス業種で職を得ていたのである。その一方で、黒人女性のほうは、かつて奴隷だった者すべてに当てがわれた運命をそのまま引き受けることになった。もっとも、彼女たちにとって幸運なことに、情婦や妾として搾取される度合いは、以前よりもいくらか軽減されることになった。

人種や肌の色にかかわらず、南部の雄々しい男たちは、女性の役割の変化を喜んで迎えたわけではなかった。かれらの中には、それを男としての自分にたいする侮辱だと考えた者もいたし、また南部的な生活様式の破滅の前触れだと確信した者もいた。もし、女性たちが男女平等の探求を断固として続けていくならば、南部文明の最も重要な基盤のいくつかを弱めてしまうことになるだろう。農耕とか、道路建設とか、公けの会合への出席、選挙の時の投票など、「人生の活動的で、より過酷な義務」に対処できるのは男たちだけなのだと、ジョージア州選出の上院議員ジョゼフ・E・ブラウンは言った。投票のような問題は、男性に任せておくのがよい。そうすれば、社会の将来は安全な手の中にあると言うのだった。もし白人女性が選挙権を手にしたら、黒人の女性もすぐそれにならって投票権を得るだろう。そんな災難が起こることなど、恐ろしくて想像することもできない。たしかに、婦人参政権に自ら反対した女性たちの中には、このようなことを頭に描いていた者もいたにちがいない。

それから、前述したように、南北戦争以前の時代には、南部の教会がその役割をよく承知していた。じじつ、教会は、戦争後も変化を押しとどめる防波堤として機能しつづけたのである。南部の教会指導者は、南部連合の大義を精力的に声を上げて支持し、かれらの「教会は、保守的な政治感情の中心となり、また同時に北部文化の侵入と新南部の原則の両方に抵抗する組織の中枢となった。」かれらは、教会の南北統一や自由主義的な教義に反対し、また社会秩序の中での宗教組織の新しい役割という考え方にも異議を唱えて、宗教的変化からも社会的変化からも、南部を遮断するのに大いに貢献した。

教会加入の洗礼の儀式として浸礼を行なうかどうかというような問題に関しては、南部の教会もそれぞれ意見が異なることもあったし、ときには激しく対立することもあった。しかし、教会の主たる役割が神の子どもたちを来るべき世に備えさせることにあるという点では、かれらのあいだに意見の食い違いはみられなかった。教会員たちは、あるがままの世界に満足していなければならないばかりでなく、かれらは、また神によって定められた社会秩序を積極果敢に守っていかなければならないとされたのである。ホディング・カーターの言うように、「南部の組織宗教は、現状を守る強力な砦となった」のだった。ここで、教会は、ただ教会員たちの見解を反映していただけだとか、教会員たちの考え方を教会が作り上げていったとか議論するのは、無益な議論のように思われる。重要なことは、宗教的社会的問題に関する教会の立場は、他の南部の諸制度のこの問題にたいする立場と区別がつかないことである。教会は、他の組織と同様、強硬に変化に抵抗したのである。

人種関係の領域においては、南北戦争後の南部は、他のいかなる領域にもまして、安定――これは、もちろん「現状」の婉曲表現であるが――が絶対重要だと考えていた。共和党の急進派が解放民に選挙権を与えたり、いくつかの公民権法が立法化されていく中で、この領域では、とくに変化のもたらす脅威が大きいと映ったので、変化にたいする抵抗もそれだけ烈しかった。このような理由で、南部白人は一八六五年には南部の生活の中で黒人の占める位置を明確に定義する仕事に積極的に取り組むようになり、考え得るあらゆる生活の側面にその定義が浸透していくまで、その仕事を継続したのである。そして、黒人の地位が将来にわたって変わらないことを絶対確実にするために、南部の生活の中では黒人は白人よりも下位の従属的な地位を占めることとして、その地位を制度化し、法律によってそれを裏付けていったのだった。

黒人の地位を白人に従属させるためには、政治の問題に黒人が参加するのを許してはならないと、白人たちは主張した。一八六五年に始まった動きは、再建期の数年間はやや弱まった時期があったものの、一八七〇年代には再び勢いを盛り返して、世紀末までに、事実上、仕事を終えた。黒人の地位を白人以下にするために、あらゆる交通機関とあらゆる公共施設において、学校や教会・病院・孤児院・救貧院・留置所・刑務所・墓地などでも、黒人は白人から隔離されなければならないと、白人たちは論じた。黒人たちにたいして、白人は決して丁寧な言葉を使ってはいけないが、逆に黒人が白人と話をする時には、その人の年齢や地位にかかわらず、常に礼儀正しい口のきき方をしなければならないとされた。また、黒人が法廷で証言する時は、白人の使う聖書とは別の黒人専用の聖書を使って宣誓をし、白人の証言や主張の正当性を疑うような陳述を行なってはならないとされたのである。このような法律を施行したり、慣習を強制したりする仕事は、白人全員の責任とされた。そして、白人たちには、暴力に訴えてでも、いかなる違反をも阻止し、そのことによって処罰を受けることはないという特権が与えられたのだった。

二〇世紀に突入した時も、南部は、以前と全く変わらず社会秩序を維持することに懸命になっていた。また、半世紀前と全く同じように、変化にたいして抵抗しようと固く心に決めていた。しかし、その抵抗は以前よりも困難になっていくことが予想された。何故なら、変革の力はどこにでもみられたし、自分たちの目の前にあるものをすべて押し流しているように思えたからである。変化をもたらす力が非常に強力ですべてに浸透しているのなら、おそらく南部は、重要な問題で大幅な譲歩をすることなく、ウィルバー・J・キャッシュの言う「戦術上の革命」をいやでも採用せざるをえなくなるだろう。そうすれば、南部は、自分たちの社会秩序を新しい制度に適合するように変えていくのではなくて、制度のほうを変化させて社会秩序に適合させることができるだろう。

生活の多くの側面を規制するうえで、政府の役割を今後は増大していかなければならないと革新主義が主張した時、南部の指導者たちは、自分たちだけに通用する特別な種類の革新主義を提示して、その要求に応じた。たしかに、かれらは自ら率先して直接予備選挙の制度を推進したが、この民主主義の進展は白人たちのためだけのものであることを明確にした。教育を推進しようとする偉大な運動は、南部のほとんどの地域に広まったが、公共の予算をどのように配分するかをめぐって黒人にたいする差別が広く一般に行なわれていたために、真に革新主義的なものとはなり得なかった。黒人いじめと黒人嫌いの感情の高まりの中で、改革運動が前進していったという現象がみられるのは、ただひとつの州にとどまらない。それらの州では、政治的なものであれ、経済的なものであれ、改革のもたらす恩恵は決して人種隔離をする線を横切ることはないという明確な理解のもとに、改革が推進されてきたのである。

婦人参政権運動が成功するために乗り越えなければならなかったさまざまな障害のうち、もっとも大きなもののひとつが、人種問題という名の怪物だった。一九一七年から一九一八年にかけて、女性に投票を認めるという内容が提唱されている憲法修正案は、もちろん、「南部文明に反する」ものだという予想通りの反論が起こったのである。南部の参政権運動活動家の女性たちの中には、投票権を要求した勇気ある女性もいたことはいた。しかし、連邦議会における南部出身の有力な下院議員と上院議員のうち、一九一七年までに婦人参政権に賛成の意を表明したものは、一人もいなかったのである。

選挙権に関する憲法修正は、黒人女性に、そしておそらくは黒人男性にたいしても、投票の扉を開くことになるという、前世紀に盛んに口にされた議論が、なお根強く生き残っていたのである。ある南部人は、次のように叫んだ。「婦人参政権を認めれば、黒人選挙権の議論をもう一度最初からやり直すことになり、州権が失われ、またもう一度あの再建期の恐怖を繰り返すことになるだろう。南部には、女性のカーペットバガーが徒党を組んで流入し、彼女たちは一八六〇年代の男性のカーペットバガーと同様、ひどいことをするだろう。そのことを、よく記憶しておくことだ。」じじつ、多くの南部人の頭の中で、人種問題と婦人参政権の問題を結びつけて考える傾向が強かったので、参政権運動の活動家たちも、このような連想を一掃する仕事に、多くの注意を払わなければならなかった。そこで、かれらは、女性に選挙権を与えても、黒人にたいしては、これまでどおり、投票権の剝奪を続けていくことができると言って、南部白人たちを安心させたのだった。

女性自身も含めて、多くの南部人が女性の役割が変化することに猛烈に反対したにもかかわらず、一九世紀の束縛のいくつかから南部女性を解放することを目指した運動は、抑えようがないように思われた。やがて、彼女たちは、テキサス州知事、アーカンソー州選出の連邦上院議員、ノースカロライナ州最高裁判所判事など、いくつかの権力の座につくことになった。彼女たちの中には、女性の美徳を守るために黒人がリンチされたのだという、使い古された、たいていは虚偽の主張を拒絶して、ロープと鞭による野蛮な刑罰の代わりに、文明的な行為で犯罪を罰しなければならないと、主張する者もいた。しかし、南部女性の地位は向上したものの、いわゆる「弱き性」と呼ばれている人びとのあいだの人種間の格差はそのまま残った。そして、賃金水準や、教育を受ける機会、また南部の騎士道精神に照らして、良い評判を受けているかどうかといった領域に、厳然として存在する白人と黒人のあいだの格差を、今後、縮めていく努力をすべきだと声を上げて主張した者は、ほとんどいなかったのである。

生活の世俗化は、概して南部の組織宗教の有効性を弱め、昔からの正統派的な信仰や根本主義《ファンダメンタリ》的《スト》な教義の正当性に疑いを投げかける傾向があった。しかし、だからといって、南部宗教の保守的な性格が完全に消滅したとか、南部の教会が社会経済的変化に容易に適応したと考えるのは、誤りであろう。南部のプロテスタント教会が最も保守的な社会的政治的諸勢力の避難所になったり、以前と同じように変化にたいする抵抗運動を指導したことが余りにも多かったからである。

この変化にたいする抵抗が最も顕著な形で表出したのが、聖書の文字どおりの解釈を疑うような理論にたいする南部の宗教団体の反対だった。その指導者たちは、自分たちの言うところの無神論や不可知論、進化論を教えることにたいして激しく反対したのである。テキサス州では、州知事のミリアム・A・ファーガソンが、「あのように道徳的に堕落したものをテキサスの教室に入れること」を決して認めないと言って、進化論を非難した。テネシー州では、ある若い高校教師が進化論を教えたために有罪判決を受けた。彼が実際に刑罰を免れたのは、ただ手続き上の不備という技術的問題が指摘されたからにすぎなかった。一九二〇年代には、いくつかの州で、最終的には成功に至らなかったが、聖書擁護論者たちが公立学校から進化論を追放するための激しい闘いを繰り広げた。このような運動のすべてにおいて、南部の宗教団体は、変化にたいして猛烈な敵意を示した。

南北戦争以前の時代には、黒人奴隷や自由黒人たちも、これまで一般に考えられてきた以上の貢献をしたものの、主として北部に住む白人の奴隷制廃止論者たちが先頭に立って奴隷解放の闘いを推し進めていたのだった。ところが、再建期以後の時代には、人種平等と人間の尊厳を求める闘いは、主として黒人自身の手によって進められ、白人からの援助はごく稀にしか得られなくなった。二〇世紀になると、人種の違いに基づく差別を完全に一掃するための困難な闘いは、ある場合には主として北部に住む白人たちの援助を受けながら、いくつかの段階を経て進行していくことになる。

完全な平等を求める闘争の中で、黒人たちは、交通機関や投票、教育一般、また公共施設の利用といった問題では、北部白人の援助を得ることを、かなり期待することができた。しかし、雇用、住宅、身の安全の確保、都市のゲットーにおける白人と平等の教育などの問題では、同じような援助を得られる見込みがほとんどなかったのである。その意味では、人種関係において大きな変化が起こることにたいする抵抗は、北部でも南部と同様、強烈なものがあったと言うことができる。

しかし、もし、都市のゲットーに住む新しい黒人大衆からの圧力にたいして、北部の白人が露骨な反応を示し暴力まで用いることがあったとしたら、それは、南部人たちが何世紀にもわたって直面してきた問題に、かれらも、ようやく目を向けるようになったからにほかならない。だが、かれらには、その問題に対処する準備がまだ整っていなかった。何故なら、黒人たちに自分たちよりも劣等な地位をずっと与えてきたものの、黒人の人口はまだごく僅かで、したがってその「問題」もそれだけ小さいと考えて、安心しきっていたからである。かれらは、多くのことを学ばねばならなかった。そして、人種問題にたいする南部の対処の仕方を、効率よく熱心に学んでいったのである。

一九一〇年から一九五〇年のあいだに、南部を離れる黒人が増加していき、それとともに人種問題は南部固有の問題ではなく、全国的な問題になっていった。しかし、南部の土地に留まった黒人の地位が大きく変わっていくという問題に、南部の白人たちは相変わらず直面し続けなければならなかったのである。黒人たちは、よりよい職と、白人と同等の賃金を望んでいた。また、かれらは、投票し、公職につくことを願っていた。かれらは、公共交通機関や学校での人種隔離廃止を求めていた。かれらは、二級市民のあらゆる痕跡を消し去ることを欲し、あらゆるアメリカ人が生まれながらにもつ権利である大原則には、どのような妥協もありえないと主張した。

南部の白人たちにとって、これは、南北戦争以降、自分たちの社会秩序が直面した最も深刻な脅威だった。かれらが、「完全な社会」ということを口にする時には、これまで決まって黒人種の劣等を前提に考えてきたからである。社会の秩序が再び脅威にさらされた時、かれらは、現状を誉め讃えながら同時に忌むべき変化に抵抗するという、従来から示していた独自の対応の仕方で対処しようとした。南部は、何世紀も費やして自分たちの文明を築き上げてきたのだと、かれらは主張した。少数の不平分子や外部の破壊的な影響力に触れた者を除けば、南部の黒人たちは、他のどの国や地域に住む黒人よりも経済的に恵まれており、自分たちの状態に満足しているのである。一九四八年の連邦議会下院で、「私の住む南部に行ってごらんなさい」と、ジョン・E・ランキンが発言した。そこでは、「この国の他のどの地域よりも多くの黒人が雇用され、黒人たちが史上これまで得たことのない、最高の幸福と平和、繁栄、それから安全と保護を享受しているのだ。」

しかし、変化が余りにも急激にやって来たので、旧秩序を賞賛する時間はほとんどなかった。二つの世界大戦とニューディール政策によって、南部の産業革命が加速されていた。政府は、連邦政府も州政府も、社会統制や社会政策のプログラムを導入するようになってきており、貧困と窮乏のために南部もこれを受け入れざるを得なかったのである。政治や経済の領域での変化や改革の進展により、長年の束縛から自分たちを解放しようとする南部の女性たちの運動も活発になった。宗教団体までが、変化の風を身に受けて、さまざまな調整を行なってこれに対応しようとした。そして、これらすべての変化の中で、南部白人たちは、「この変化が黒人にどんな影響を与えるだろうか」という、古くからの疑問を発した。V・O・キーが主張するように、「南部の社会変化過程のどの段階を理解しようとする場合でも、その真理探求の道は、遅かれ早かれ黒人問題にたどりつく」のである。

このような数多くの新しい展開がさまざまな形で黒人たちに影響を与えていたばかりでなく、人種関係の領域でいくつかの具体的な事件が起こり、そのために他の不穏な出来事は影が薄くなっていた。南部白人指導者の中には、人種問題の最前線で起こっていることを全く信じられないという目で眺めていた者もいたが、自分たちが直面し解決しなければならない最大の難問だと考えた人びともいた。したがって、かれらの対応は、上品なものばかりではなく、粗野で非難されて当然というものも出てきたのである。

ハリー・S・トルーマン大統領が大統領命令を公布して、公民権を享受できるように黒人たちを保護する法律の制定を勧告したとき、ジョージア州選出のリチャード・B・ラッセル Jr. 上院議員は、そのような措置はこの国を「警察国家」の方向へねじ曲げていくものだと非難し、南部からの黒人の強制退去を目指す法案を提出すると脅した。一九四七年に、連邦地方裁判所判事J・ウェイティス・ウェアリングが、サウスカロライナ州の民主党の予備選挙で黒人を投票から閉め出してはならないという判決を下した。するとすぐに、サウスカロライナ州選出の下院議員W・J・ブライアン・ドーンは、この判決は民主党の予備選挙に共産主義者が投票する道を開くものだと、涙を流して訴えた。サウスカロライナ州からのもう一人の下院議員L・メンデル・リヴァーズは、この判決が原因で流血事件が起こることになるだろうと予言し、ウェアリング判事の弾劾手続きをとる可能性を真剣に検討した。一九四八年にハリー・トルーマンが大統領再選を果たし、合衆国最高裁判所もウェアリング判決の再審請求を却下して、ラッセルやリヴァーズとその一派がもくろんでいた対決は、効果的に抑制された。

南部全域にわたって、白人たちは、白人学校と黒人学校の施設と教科課程の平等化を目指す充実したプログラムを始めることによって、教育の分野で黒人たちが求めた変化に対応しようとした。かれらの試みが最終的に成功したかどうかはわからないが、たとえそれがうまくいきつつあったとしても、人種によって隔離された公立学校は違憲であるという一九五四年の最高裁判所の判決によって、その根拠を失ってしまった。この判決にたいする南部の反応の仕方はさまざまだったが、その中でも主要な反応は、国の法律を拒否するというものだった。合衆国連邦議会の南部出身議員たちは――総勢一〇〇名を上回る数だったが――共同声明書に署名した。その声明文は、一八九六年の「分離すれども平等」という判決を「人間性の根本原則と常識に基づいた」正当な判決だと賞賛し、これにたいして一九五四年の判決は、「これまで友情と理解にあふれていた地域に憎悪と疑惑の感情を植えつけるものだ」として、これを強く非難していたのである。

この「憲法上の原則に関する宣言」に署名した人びとは、南部の中でも、人びとから最も厚い信頼を集め、強い影響力をもった指導者だった。かれらは、「あらゆる合法的な手段を駆使して」

この判決の「破棄を実現する」と宣言し、「混乱を生じさせたり、無法な行動に訴えたりすることは慎む」と誓った。ところが、ハリー・S・バードSr.上院議員は、この時すでに、「頑強な抵抗」の計画を頭の中で立案していた。そして、これによって、彼や彼の同僚たちが必ず守ると確約していた法と秩序の原則を、ついには曲げてしまうことになるのである。

南部議員たちの共同声明書が、その後の成り行きに与えた影響の度合いを、ここで正確に評価することはできないが、それが以後一〇年間ほど続いた抵抗運動の場を準備し、その基調となったことは否定できない。学校における人種統合を免れる方策を捜し求めて、かれらは、学力による生徒のクラス分けから、公立学校を閉鎖したり、白人だけの私立学校を設立することに至るまで、じつに多様な手段を用いて抵抗した。頑強な抵抗の道は、白人市民会議の設立へと向かい、やがて黒人コミュニティーが統合の決定を行なうと、それに従わない白人権力にたいする抗議運動や示威行進を黒人たちが起こし、今度は、それにたいして白人たちが暴力で対決するという事態へ発展していった。

人種間の対決は重要で悲劇的な問題だったが、この論文における主要な関心は、そのような対決にあるわけではない。ここで問題にしたいのは、むしろ南部の社会変化との対決の姿勢なのであって、南部自身が完全な社会だとみなしていた自分たちの社会秩序を守るという形で変化と対決したことこそが、示唆に富むことなのである。頑強な抵抗や消防用ホース、警察犬とか家畜用の電気ショック棒などは、本当は、容赦のない変化の力にたいする必死の空しい対決のあらわれだった。それは、結局のところ、アメリカ自身が自国のものと表明している法律や社会哲学の見地からみると、非論理的で弁護できない立場を、やみくもに弁護することになったのである。

このような弁護論が実らなかった理由は、南部白人の考える完全な社会なるものの根底に横たわっていた神話や誤った考えにまで、かれらの考えがおよばなかったからである。社会秩序の不可欠な構成要素であるべきグループを搾取することに基礎をおいて、秩序を維持していくという議論には、そもそも初めから不一致や矛盾が内在していた。しかし、このことに南部は気づかなかった。また、南部は、多数者に帰属する特権や権利を横取りして少数者に付与することによって、長いあいだ求め続けて得られなかった社会秩序を打ち立てるのに大いに役立ったはずの人的資源を、逆に自分自身から奪い取ってしまった。そして、このことにも、南部は気がつかなかったのである。南部の硬直した態度が原因で、才能に恵まれた人びとの多くは、黒人だけでなく白人も、南部から流出していく結果になった。変化への対決が表現や試行の自由にたいして非理性的で道理にそぐわない抵抗を意味するような土地では、有能な人びとが活躍することができないばかりか、生きていくことすらままならないからである。それは、また、法律や習慣を無視したり、抜け道をみつける技術を発達させる結果にもなった。それまで一度として存在したことのなかった政治体制や経済、男女の役割、人種間の関係、社会制度など、これらすべてを維持していくことが南部の執念だった。そして、この南部が維持しようとしたものは、ポール・M・ガストンが指摘しているように、あるがままの現実にも、また現実に目を開かせてくれるはずの変化にも、あえて直面しようとしない人びとの豊かな想像の中にしか存在していなかったのである。

創造芸術や政治学のある領域、経済秩序のさまざまな面を変革する能力など、いろいろな点で経験と才能が豊富にあることを身をもって示してきた地域が、その社会秩序の面でも、根本的な変化に真正面から向き合う能力があればよいと願わずにはいられない。何故なら、そのように正面から直面して初めて、南部は、国民全体の中で発展性のある有効な単位として生き残り、男性も女性も、黒人も白人もよりよい社会を求めて、共同して探求しながら共存できる、本当の意味で生命力に満ちた社会組織を、どのようにすれば構成できるのか、その方法を指し示すことができるからである。

第六章

建国の父祖たちの道徳的遺産

合衆国の独立二〇〇周年が間近に迫ってきたが、これを機に、この二世紀をかけて、われわれが到達した見地から考えてみるのも、時宜にかなったことではなかろうか。そうした見地から、われわれは、この間に歩んだ歴史と今日立っている地点を理解できるにちがいない。

行政の指導力においても、政治制度にたいする国民の信頼においても、また、長らく、ほとんど無視されてきた公衆道徳といった点においても危機が叫ばれる昨今の状況をおもえば、いわばこの種の点検作業は当を得たことと言えよう。そのさい、忘れてはならないのは、批判することが必ずしも敵意を意味するものではないということである。じじつ、人間のもっている弱点を認識することと敵対することとは、まったく別のことである。今日、公務を私益の追求と混同して、多くの公職者がその職を汚しているのを目のあたりにするにつけ、痛いほど明らかになったことは、国民の指導者を自認する者がその地位を正当化もしくは弁明しても、それが常に信用できるものとは限らないということである。

現在はもとより、過去を考察するときに直面するひとつの問題点は、よほどの勇気がないと、権力を行使できる立場にある人びとを論評したり批判したりすることは、なかなかできないことである。一般の人びとにとっては、それはいささか不遜なことのようにおもわれる。他方、年季の入った気難しい古参の政治家にとっては、それはまさに嫌悪すべきことである。

たしかに、ジェファソンとハミルトンの時代から、われわれは、いずれかの政党とかかわりをもってきたし、政党の政策やその首脳たちの行動を批判したこともあった。

しかし、われわれの批判は概して通り一遍で、われわれ自身が引け目を感じているといった明白な理由から、かれらを全面的に批判することはできなかった。そのため、われわれは、たいていの場合、公衆の信用を裏切った人びとをきわめて穏やかに非難するにとどまり、公職者の責任を徹底的に追及するなどということはめったになかった。

建国初期の歴史家は、自分たちに都合のいい「手頃な歴史」を書こうとつとめたため、国民的な英雄と指導者を意図的に批判の対象から除外した。ベンジャミン・フランクリンが『貧しきリチャード』で独自の英雄を作り上げ、メイソン・L・ウィームズがジョージ・ワシントンの桜の話を作り上げた時点で、建国の父祖たちを、ごく普通の誤りを犯しやすい人間と見ることは事実上できなくなった。そして、こうして誤り伝えられたかれらのイメージから、はなはだしい歴史的な過ちが生れたばかりか、本当にあった当時の事実にそくして過去を論じるということも全く不可能になってしまったのである。別の言い方をすれば、われわれは、一八世紀末の歴史を美化して描いたために、建国の父祖たちが今日に至るわが国の歴史の進む方向を左右するような重大な過ちを犯したことに気がつかなかったのである。

一九七四年に、われわれは、第一回大陸会議から数えて二〇〇周年を祝ったが、同会議は、イギリスが植民地に新たな貿易措置をとったことに反対したものであり、とくにマサチューセッツ植民地にたいして講じられた政治的・経済的方策に反対して召集されたものであった。植民地の人びとは、イギリス兵を家に泊めるように強いられたり、ケベックに政治的・経済的特権が与えられているのに、一三植民地にはそれが与えられていないことなど、自分たちが差別されていることがはっきりしてくるにつれて、こうしたやり方に我慢できなくなっていった。

しかし、イギリスが押しつけてきたこのような措置のほうが、植民地の人びとが奴隷にたいして強要したり容認した措置より、耐えがたいものであったなどと言えるだろうか。にもかかわらず、植民地の人びとは母国がかれらの自由――思いどおりに貿易する自由――を踏みにじったと憤慨した。

植民地の人びとは、ロンドンで係争中の自分たちの自由よりも、もっと基本的な自由の問題があったことに気づかなかったわけではない。まず第一に、かれらは、一七七二年にイギリスのサマセット事件におけるマンスフィールド卿の判決のことを聞きおよんでいた。その判決では、強制労役は特別の立法でもない限り、イギリスでは「きわめて不愉快」な仕打ちであるというもっともな理由で、奴隷制度が違法とされていた。植民地の人びとは、じっさいには奴隷制度を作り維持することを許されてはいたが、マンスフィールド卿が奴隷制度を非難したことも忘れていなかったのである。

第二に、もっと重要なことは、奴隷たち自身が第一回大陸会議が召集される以前に、すでに自由を嘆願していたことである。すなわち、一七七三年の前半には、マサチューセッツの奴隷の何人かが、「隷属状態からの解放を懇願して」植民地議会に請願書を提出していた。そして、その翌年には、ほかの多くの奴隷が、契約や同意に基づいて奴隷の身分になったわけではない旨を明らかにして、自由と「無花果《いちじく》の木の下で静かに腰掛けられる」だけのわずかな土地を要求した。マサチューセッツ議会は、一七七四年から一七七五年にかけて奴隷制の問題を議論したが、「この問題はやがて鎮静化する」と判断するにとどまった。

しかし、事態は静まりもしなければ落着もしなかった。植民地の人びとは、イギリスとの戦争に突入するや、黒人奴隷制度をどうするかという問題に直面することになった。そして、その問題の解決はさしせまった様相を呈するようになった。

具体的には、まず第一に、そのまま引きつづき奴隷を輸入すべきか否かという問題があった。これは、人間の輸送で富を築いたイギリスの奴隷貿易商人にとってはもちろんのこと、植民地側の人間にとっても重大な関心事であった。かれらは、西インド諸島とアフリカからの新たな奴隷輸入が有益であるというよりは、むしろ困った問題になりはしないかと危ぶんでいたのである。大陸会議に参加した植民地の多くは、新たな奴隷の輸入には一切反対で、同会議も一七七六年四月にそれを禁止するに至った。

第二に、植民地の人びとには、イギリスとの戦争に黒人兵士を徴用すべきか否かという問題があった。戦争初期の小競り合いで何人かの黒人が使われたことはあったが、独立が宣言される頃には、黒人を排除する方針が定着していた。一七七五年七月、新兵補充にさいしては、イギリス軍の脱走兵、「放浪者、黒人、もしくは、ならずもの」を入隊させないとする政策がとられた。さらに、その年の暮れにイギリスが、国王軍に志願するすべての黒人を歓迎し、その代償にかれらに自由を与えると約束すると、植民地の人びとは、奴隷反乱が誘発されはしないかと恐れをなした。そこで、大陸会議はただちに方針を改め、黒人が大陸軍に参加することをやむなく承認したのである。

植民地の人びとが自由を求めてイギリスと戦ったことに関して、もうひとつの問題は、かれらの革命思想がかれらの奴隷にどのような影響を与えるかということである。独立宣言の中で、植民地の人びとは、自分たちがイギリスに抑圧されていること、そして自由を欲していることを明らかにした。トマス・ジェファソンは、彼が起草した独立宣言の最初の草稿で、イギリス国王が植民地の人びとにたいして奴隷制度を強制していると非難した。にもかかわらず、そこには、ほかの「便宜的」な思惑が作用して、その箇所は宣言から削除されてしまった。

たとえ、そのような経緯があったとしても、宣言では、「すべての人は平等に造られている」ことが謳われた。となると、それには「白人だけでなく、黒人も含まれているのか」という疑問が出された。また、なんぴとも「生命、自由、そして、幸福を追求する」、誰にも譲ることのできない権利をもっていると言われると、「どの白人もどの黒人も、もっているのか」という疑問が当然のことながら出された。

植民地の人びとは、革命思想の中で、それを区別できただろうか。かれらは、すべての人が平等に造られていると、文字通りのことが言いたかったか、それとも、全くそんなことは念頭になかったかのいずれかである。なんぴとも生命・自由・幸福を追求する権利を与えられていると言いたかったか、全くそうでなかったかのどちらかである。

たしかに、愛国派の中には、政治的自由という革命思想が、人間を奴隷状態におしとどめておくことと相容れないことに、戸惑いを感じた者がいた。たとえば、ジョン・アダムズの妻アビゲイル・アダムズは、ある人たちには禁じている特権を自分たちだけが享受しようとして闘うというのは、どこかおかしいと感じた。また、「自由かしからずんば死を」と叫んだパトリック・ヘンリーも、奴隷制度が「人間性と矛盾する」ものと認識した。だが、その矛盾は深刻なものとは見られなかったようだ。というのも、彼は奴隷を引きつづき隷従させていたからである。ジョージ・ワシントンにしても、トマス・ジェファソンにしても、ジョージ・メイソンも、エドマンド・ランドルフも、また独立宣言や合衆国憲法に署名したほかの大勢の人びとも、事情は同じであった。かれらは、自分たちの立場がいかに滑稽なものか見ようとしなかったか、あるいは見ることができなかったのである。

ニューイングランドや中部大西洋岸の植民地のように、奴隷解放運動が起こったところでは、奴隷制度は、少なくとも経済的には利益を見込める制度ではなかった。したがって、それらの地域の愛国派が本気で奴隷制度に反対すれば、そうすることも十分できたはずである。だが、二度にわたる大陸会議の場でも、独立宣言の中でも、建国の父祖たちは奴隷制度にきっぱり反対であるとは表明しなかった。人間の拘束と人間の尊厳といった問題は、かれらにとっては政治的・経済的独立とくらべれば、明らかにそれほど重大なことではなかったのである。

建国の父祖たちは、かれらの抱えた矛盾から逃れられなかっただけでなく、かれらが政治的・社会的な交わりの場から排除し、卑しい身分に棄てておいた人びとから、やがてその罪を糾弾されることになった。すなわち、一七七七年には、マサチューセッツのある黒人グループが、イギリスとの訣別をもたらしたどの原理も、結局は、奴隷制度に反対する「幾多の論議にまさる」雄弁なものであったとして同邦の白人を告発した。また、コネティカットのある黒人グループは、一七七九年に、黒人は苦役を強いられ屈辱にまみれて「呻吟している」と述べて、同邦にたいして自由を求める請願を行なった。

一七八一年には、冒険心にあふれた二人の若い黒人兄弟のポール・カフェ兄弟が、マサチューセッツにたいして、「私たちに課税する人を決める選挙だというのに、私たちには投票が許されていない」として、税の支払いを免除するように求めた。そして、かれらが納税拒否に出ると、それまでイギリスによる代表なき課税を暴政だとわめきたてていた人びとが、こんどは、こともあろうにカフェ兄弟を投獄してしまったのである。

かくて、植民地は、イギリスとの戦争に勝利を収めることで、独立と奴隷制度の両方を手にいれた。奴隷たちが植民地の人びとが抱える矛盾を勇敢にも指摘しようが、また少なからぬ愛国派の人たち自身がその誤った立場に気づいてそれを指摘しようが、大多数の愛国派の人たちはほとんど痛痒を感じないようだった。五〇〇〇人もの黒人が独立革命に馳せ参じたことなど全く忘れ去られ、結局、かれらには、真の自由は与えられないということだけがはっきりした。反イギリス政策を掲げた大陸会議と連合規約下の政府は、人間的な自由を擁護する政策を打ち出す能力も意欲ももち合わせていなかったのである。

新国家の出発にさいして、その言動が大きく食い違っていたことは、ヨーロッパの暴政からゆくゆくは独立しようという新世界のほかの植民地の模範と目されていただけに、あまり格好のいいものではなかった。

独立が達成されると、独立派の人びとは、まだ自由を享受できないでいる者にもその恩恵を広めることに、たいして熱意を示さなかった。にもかかわらず、かれらは革命思想の意味するところを完全には無視できなかった。早くも、一七七七年には、マサチューセッツ邦議会が「人間を奴隷制度のもとに拘留することを」を禁止する方策を検討し始めた。その三年後、同邦の新憲法では、「すべて人は、自由の身に生まれ、平等である」ことを宣言した。この格調高い言葉が、マサチューセッツ憲法において独立宣言の場合よりも、いっそう実質的な意味をもつようになることを願った人びとがいたことは疑いない。

しかし、隣接するニューハンプシャー、コネティカット、ロードアイランドなどの諸邦は、ある何らかの理由ではっきりした立場に立たず、さらに一〇年間動揺を繰り返していた。ペンシルヴェニアは一七八〇年に奴隷制度を廃止したが、ニューヨークとニュージャージーは、もっと後になって奴隷を漸次的に解放していくための基礎を準備していたにすぎなかった。

独立宣言の起草者、革命軍の司令長官、それに革命時の多くの英雄が奴隷所有者であったことが、非常に惜しまれるのも無理はない。だが、それにもまして、もっと残念なことは、その同じ指導者や英雄たちが、かれらの信奉していた自由思想にあまり感化されなかったことである。少なくとも、かれらがその影響を受けた形跡は認められない。

戦争が終り、政治的独立が確定したものとなると、かれらは、気高い精神の片鱗すら見せることがなくなった。北部人は、いつどのような形で奴隷を解放するかを議論したが、デラウェアからジョージアにかけての地域では、それまで以上に強固に人間を隷従させる制度が残ることになった。そうした中で、ミシシッピ川以東、オハイオ川以北の北西部領域は、奴隷制度の禁止が国民的に合意された例外的な地域であった。ただ、この地域での奴隷制禁止が合意されたといっても、元来そこは奴隷制度が現実には存在せず、ごく少数の白人入植者が住んでいただけの土地であった。そこで奴隷制度を禁止したとしても何の支障もなかったし、自由を求める大きな運動があってそうなったわけでもなかった。

むしろ、留意すべきことは、奴隷制度禁止がオハイオ川以南の地域には適用されなかったことであり、これらの地方こそ奴隷所有者が入植をめざした土地であったということである。ここからも明らかなように、建国の父祖たちは事大主義的に自由を「弄んでいた」のであり、そうやって、政治家にはふさわしくない冷淡な本性をさらけ出したのである。

また、いったん独立が達成されてしまうと、誰ひとりとして、奴隷貿易に反対した建国の父祖たちの行動に心を動かされ、立ち上がるということもなくなった。じっさい、独立後の一〇年間に合衆国に輸入された奴隷の数は、その前の一〇年間にくらべても、独立革命前の一〇年間にくらべても増大した。奴隷制度は、衰退に向かうどころか、ますます繁栄し拡大したのである。一七八一年から一七八九年にかけての連合規約下の議会では、奴隷制度もしくは奴隷貿易については、ほとんど触れられることがなかった。たしかに、北部に逃亡してきた奴隷を捕縛することに疑念がもたれたこともあったし、奴隷貿易に反対するクウェーカー教徒の請願に議会が耳を傾けたこともあったが、結局、議会は何も行動を起こさなかった。

国全体が、概して奴隷制度にたいして何らかの動きをとるということはなかった。奴隷制度の禁止や、一時期の奴隷貿易停止をもたらした一部の邦での運動の高揚は、かえって奴隷制度の支配力が弱まっているとの誤った認識をもたらすことになった。

だが、事態が決してそのように進んでいないことは、一七八七年にフィラデルフィアに参集した代表たちが新しく憲法を作った時、誰の目にも明らかになった。奴隷貿易に関する議論では、便宜的で経済的なことだけが念頭におかれ、人間的なことについては何も考慮されなかった。メリーランドとヴァージニアは、奴隷を過剰に抱えており、それ以上大量に流入するのは困るというただそれだけの理由で奴隷貿易に反対した。また、サウスカロライナとジョージアでは米作地帯での死亡率が高く、奴隷所有者は耕地の拡大に向けて新たな奴隷補充を必要としたことから、奴隷貿易の門戸開放を要求した。

奴隷貿易の問題でサウスカロライナが譲歩を迫った時、その援護に誰が登場したか。誰あろう、コネティカットのオリバー・エルスワースが、奴隷貿易の禁止条項を憲法に盛り込めば、「サウスカロライナとジョージアに不公平になる。干渉するのはやめよう」と述べ、さらに、「人口が増えるにつれて、下層の労働者が増え、奴隷制度は無意味なものになるだろう」と説いた。指導的な植民地の人たちのこのような煮えきらない態度が、かつてのイギリスとの論争で許されたなどとは想像だにしがたい。

新たな権限の強化をめざした連邦政府が、各州の奴隷制度と奴隷貿易について、いくらかでも、ものが言える立場にあっただろうか。マサチューセッツ州のエルブリッジ・ジェリーによれば、そんなことができようはずもなかった。政府は、各州における奴隷制度にたいして、直接認可をしないのがせいぜいであった。

このようなわけで、尊敬すべきベンジャミン・フランクリンも口をつぐんでいたのであろう。憲法制定会議の顔ぶれの中で、最古参で、しかも最も尊敬されたひとりであったフランクリンは、ペンシルヴェニア奴隷制廃止協会から託された奴隷貿易反対決議を懐に携えていた。彼は議場で最も多く発言したひとりだったが、決してその決議を提示することはなかった。ジェリーとフランクリンのような頼りない人物がいたので、サウスカロライナとジョージアが、向こう二〇年間、奴隷貿易を禁止しないことを謳った規定を勝手に盛り込むことができたのもさほど不思議なことではなかった。この寛大な執行猶予的措置がどれだけこれらの地域にとって恵みとなったかは、一七八八年から一八〇八年にかけての奴隷輸入数を見ればすぐわかる。

建国の父祖たちのこうした曖昧な態度は、連邦への州代表の選出と納税額を決定するための奴隷人口の算定においても同様に見られた。奴隷を財産とみなした北部人は、代表選出にさいして奴隷を住民数には入れないと主張した。これにたいし、南部の奴隷所有者たちは、奴隷が財産であることには大賛成であったが、奴隷は住民でもあるとして、しかるべく勘定に入れるべきだと主張した。この民主主義国の初期の歴史の中で、ひとつの注目すべき皮肉な出来事は、人はすべて平等に造られているとあれほど声を大にして語ったその当人たちが、アフリカ系の人びとが人間であるかないかをめぐって、いまや反目し合うようになったということである。

数ある憲法上のいわゆる妥協の中で、制定者たちが、奴隷一人を五分の三人とすること、すなわち、奴隷五人を自由人三人として数えることに同意した時、その皮肉はさらに輪をかけたものになった。人種主義という魔術は、人間の知性にたいしてかけられるものである。キャサリン・ドリンカー・バウエンが、憲法制定会議の歴史を「フィラデルフィアの奇跡」と呼んだ時、このことが彼女の念頭にあったと思われてならない。

奴隷所有者たちは、奴隷反乱を恐れたが、それにおとらず、奴隷逃亡によって奴隷制度が日毎に衰退していることに恐れをなした。かれらは、憲法で奴隷が財産として認められていること、そしてその財産である奴隷が逃亡しても、その所有者の権利が憲法によって保護されているということの確実な保障を求めた。重要なことは、逃亡奴隷をその所有者に譲り渡すという提案に、事実上、どの州も反対できなかったことである。奴隷所有者たちは、奴隷制度を憲法でなしくずし的に認知されたものとすることにすでに成功していたので、逃亡奴隷規定は、どこか竜頭蛇尾なものとみられた。コネティカットのロジャー・シャーマンが述べたように、奴隷の捕獲と引渡しは、馬の捕獲と同じように正当とみなされた。こうして、五分の三の人間とされた奴隷は、逃亡奴隷規定の関連では、なんと馬同様にみなされたのである。

そして逃亡奴隷は、かれら独自の自立に向けた闘いで獲得した自由も憲法上なきものとされ、かれらにたいする所有権を主張する者に送還されることになった。政治的独立をめざした愛国派の人びとの闘いは、かれらの期待どおり勝利を収めたが、これとは対照的に奴隷制度からの自由をめざした奴隷たちの闘いは、同じ愛国派の手によって敗退を余儀なくされたのである。

はじめは、権力者を批判したり、かれらを論評することはためらわれがちであった。だが、こうした態度は、われわれ自身にとっても、また本当に大事にしたい制度や生き方にとっても、いいことではない。過去にあった事実と向かい合うのであれば、建国当時の指導者たちをかれらの生きた時代の中で、すなわち、かれらも優柔不断で過ちを犯しやすい人物としてとらえることが必要になってくる。ときには、かれらが身を捧げているという大いなる理想とは全くかけ離れた人物として、かれらを見なければならないこともある。

たしかに、われわれは多くの点でかれらにたいして畏敬の念を抱くこともあろう。たとえば、イギリスとの軍事的な戦いでみせたかれらの勇敢さにたいして、また新たな政府機関を生み出したその豊かな創造力にたいして、あるいはまた、世界中の人々を虜にしたひとつの理想に向けてかれらが尽力したことにたいして敬意を払いたくなることがあるだろう。

しかし、だからといって、かれらがリップ・サービスで語ったその理想をかれら自身が裏切ったこと、また兄弟愛を雄弁に語っておきながら、危険と背中あわせで苦難の時代を闘ってきた黒人同胞にたいしては、舌の根も乾かぬうちにそれを否定したこと、さらには黒人五人を白人三人と同等にみなしたり、黒人を馬同様にみなしたりして人間精神を貶《おとし》めたことなどは、とても尊敬できたことではない。

ここでの関心は、建国の父祖たちが身を捧げるといっていた理想にそむいたことよりも、むしろ、かれらの道徳的遺産が後世に与えてきた害悪にある。かれらがつくった革命教義には、残念ながら亀裂がはいっていて、子孫に自由の恵みを付与しないことを謳った憲法を作ってしまった。そして、そのことによって、あとに続くアメリカ人の各世代にたいして、政治制度と生き方の根幹にかかわる自由の原理について、弁解や妥協、迎合をせざるを得なくなるようなお膳立てをしたのである。

それ故、ハイチはじめラテン・アメリカ諸国の多くが政治的独立を達成し、奴隷制度の一掃をめざすようになると、合衆国は非常に不安をおぼえたのである。これらの国々では、理念と言動が一致していたが、同じ問題を抱える合衆国には、そうしたことは全くの他人事であった。

そのようなわけで、南北戦争という大きな内戦で苦悩するまで、合衆国は、ハイチやリベリアといったパイオニア的な共和国の存在を承認せず、黒人の植民先として「利用」しようとしたのである。承認するということは、人間の平等を意味しており、それは合衆国が認めたくなかったことである。

こうしてこの国は、醜悪で広範に根づいていた人種主義が知らぬ間に浸透するのを容認したばかりか、実際にはそれを育成すらしていたのである。

人種の隔離、差別、劣等視といったことは、この国の歴史の中では偶発的な出来事では断じてない。そうしたことがらは、建国の父祖たちが現代のアメリカに贈った遺産の中からその直接の帰結として必然的に出てきたものである。独立時に平等を否定したことが独立二〇〇周年の時点での平等の否定へと直結したのである。何のとがめも受けずに平等を反故にしたり、特権をそのままにして不平等を温存するために憲法をあれこれ利用するといった今日の議論は、一七八七年憲法のいわゆる妥協から直接導かれたものである。かくて、アメリカ的なやり方の一部となった社会的・政治的・経済的不平等を思想的に支持しようとすると、きまって建国の父祖たちの精神が想い起こされるのである。

しかし、建国の父祖たちの人格と行動に欠点があったことに注意を喚起することで足れりとすれば、それは邪悪なことであろう。また、気まぐれな聖像破壊に耽りたいがためにそうするのも無責任なことである。だが、独立二〇〇周年を機に、人間のおかれている状況をより良いものにするために過去を見直さないとしたら、それもまた無責任なことである。

あるがままの起源を祝うこと、すなわち、多くの愛国派の人びとが死を賭けて獲得した独立の諸原理をまず祝福するのはよいであろう。しかし、同時に、人間の自由と尊厳の原則が、同じ愛国派の人びとによって、いかに否定され踏みにじられたかということに心から怒りをおぼえるのも当を得たことである。かれらのこうした遺産は、いかなる状況のもとでも、誉めたり祝福したりできるものではない。むしろ、この遺産は建国の父祖たちが後世のわれわれに課した厄介な問題であり、われわれはその解決に向けて、かれらが残そうと奮闘したのに劣らぬ努力をするよう求められているといえよう。

第七章

『国民の創生』――歴史という名の宣伝

研究者の中には、過去を専門に研究している人もいるが、真剣な探求の対象としての過去が、知的専門的訓練を余り受けていない素人の手の届かないところにあるわけではない。過去を理解しようとする人の努力にたいしては、それが誰のものであっても、敬意を払わなければならない。しかし、だからといって、過去を探求する人の発見した事実をすべて尊重したり、それをそのまま受け入れなければならないということにはならない。また、ある種の好奇心から過去を調査する人が、専門的訓練と責務をもって過去の研究に打ち込んでいる人に代わって、過去の事実について自分の見解こそ正しいのだと力説してよいということにもならないのである。現代から見ると、数十年とか数世紀の歳月を隔てた過去を考える時、私たちすべてにとって過ぎ去ってしまった年月が重大な重みをもっている。だから、利用可能な技術の限りを尽くして仕事に当たり、歴史が現在や未来にどんな意味をもっているかについて、明確な理解をもった人以外に、過去の研究を任せておくことはできない。

過去の研究は、多くの人びとにとって、それぞれ、異なった意味をもっているかもしれない。人によっては、前の時代に実際に起こったことを再構成するには正直で誠実な態度が必要で、そうすることによって、歴史の研究は高尚な活動にまで高められるのだと言う人もいるだろう。また、利用できる過去を探求することによって、先人の犯した過ちを避けるのに役立つ教訓を得ることができると言う人もいるかもしれない。過去の利用の仕方は数多く存在するが、ここで、そのひとつひとつを列挙するまでもないだろう。しかし、利用の仕方は何であれ、過去の探索がすべて真理を探求する目的でなされるのではないことを指摘しておきたい。もっとも、勤勉な自称歴史家の中には、自分たちの胸のうちに隠しもっている現代的な思惑を支持するようなエピソードを、歴史の中から掘り出そうとした者もいる。また、自分たちや同じような考えをもった人びとが提唱している社会政策や公共政策を正当化する手段を、歴史の中に見出そうとする人もいる。それから、なかには、自分自身の偏見の対象であるような人びとを公衆の面前で侮辱し嘲笑するために、歴史を利用する人までいるのである。

南北戦争後の再建の時代は、自分たちが生きていた時代の社会問題や、政治問題に歴史的な説明を求めようとする歴史家たち——素人も専門家も——の関心を集める時代の好例である。そして、再建時代を掘り起こして、自分自身の社会的態度を歴史的に正当化しようとし、素人であれ、専門家であれ、他のどんな歴史家よりも今日の再建時代の見方に大きな影響を与えた歴史家の最も適切な例が——彼自身は素人の歴史家であるが——トマス・ディクソンJr.なのである。一八六四年にノースカロライナ州シェルビー近郊の農家に生まれたディクソンは、八歳の時に叔父に連れられてサウスカロライナ州議会を参観した。その時の議員の構成は、「黒人が九四人、その土地生まれのスキャラワグ(すなわちサウスカロライナ州出身の白人共和党員)が七人、そして二三人の白人(おそらくは北部から来たカーペットバガーたち)」だった。議員に値しない白人が黒人たちと並んで議席に腰を下している様子は、若いディクソンに生涯消え去ることのない衝撃を与え、明らかに彼のその後の経歴に深い影響を残した。

再建時代のディクソンの経験は、一八八七年にボストンのトレモント・テンプルでジャスティン・D・フルトンが「南部の問題」という題で話すのを聞いた時の経験と、ほぼ共通していた。この時、フルトンが六カ月の南部滞在に基づいて南部を激しく非難したことに腹を立てて、ディクソンはこの高名な牧師の講義の途中で中断し、牧師の主張を「誤りと偏見に満ちている」として強く攻撃した。自分が、直接、知っている南部を世界に向かって語らなければならないとディクソンが決心したのは、まさにこの時だった。そして、彼は真剣に南北戦争や再建の問題を研究し始めたのだった。

しかし、ディクソンが再建時代の話を書き始めるまでには、実際のところ、長い期間が必要だったし、その間に多くの出来事が起こったのである。ウェイク・フォレスト大学時代、彼は優秀な学生で、とくに討論では彼の右に出る者はいなかった。それから、ごく短期間、彼はジョンズ・ホプキンズ大学に籍をおき、そこで当時、大学院の学生だったウッドロー・ウィルソンと知り合ったが、ウィルソンとは後に協力関係をもつことになる。二〇歳の時、彼はノースカロライナ州議会議員を一期だけつとめた。しかし、彼自身が「大衆に媚びを売る者たち」という名前で呼んだ政治家たちの行動に嫌気がさして、彼は議員をやめてしまう。ところで、一八八四年の時点でのノースカロライナ州議会下院の黒人議員数はごく僅かだったので、この時の黒人議員との接触がディクソンの黒人にたいする幻滅の原因になったとは考えられない。その後、この才能に恵まれているが落ちつきのない青年は、俳優や弁護士、牧師、随筆家、講師と次々に職を変えていった。しかし、ディクソン本人の言葉を借りれば、再建に関する「記録を正す」という願望にかられているかぎり、これらの仕事は、どれひとつとして、彼を満足させることがなかった。そのようなわけで、結局、彼は他の活動を捨てて、再建三部作の第一作の著作に取りかかった。彼は、その作品に『豹の斑点——白人に課せられた重荷をめぐるロマンス』という題をつけた。この題は、「エチオピア人が皮膚の色を変えたり、豹がその斑点を変えたりすることができようか」という、聖書の中の質問から取ったものだった。

ディクソンは、自分の書いた最初の小説を、当時ダブルデイ・ペイジ社という出版社の共同経営者をしていた、ノースカロライナ州ローリー在住の古くからの友人ウォルター・ハインズ・ペイジのもとへ送った。ペイジは、ただちに原稿の出版を快諾し、楽観的にも初版一万五〇〇〇部の印刷を発注した。一九〇三年に刊行された時、この作品の成功は爆発的なものだった。数カ月のうちに、一〇万部以上を売り尽くし、多数の外国語への翻訳の取り決めがなされた。『豹の斑点』は、南部、とくに一八八五年から一九〇〇年にかけてのノースカロライナ州の人種問題の歴史概説書として高く評価され、これによって、多くの人たちがこの問題について耳を傾けるべき権威として、著者ディクソンの名が確立された。その「豊かな想像力」を駆使して、ディクソンは「生き、愛し、苦しむ人間像を読者の目の前に」見事に作り上げたのだと、『シカゴ・レコード・ヘラルド』紙の批評家は語気を強めて言った。この作品を快く思わず批判する人びとがいたとしても――そして、事実そういう人もいるにはいたのだが――大多数の人が声高に褒め讃えている中で、そのような人びとの声はほとんど耳に届かなかったのである。

最初の小説の成功により、名声と富を得たディクソンは、さらに大きな業績を求めて仕事に打ち込んでいった。そして、作家兼講師として、彼のところに常に講演の依頼が殺到するようになった。全国各地の演壇の上に、長身で堂々とした彼の姿が見られるようになり、聴衆を前にして、まるで敵と向き合うような態度で、彼は自分の立場を力説した。二、三年も経たないうちに、彼は、再建についての二番目の作品の執筆を思いたち、書き始めてから三〇日間で、『クランズマン――クー・クラックス・クランの歴史ロマンス』を仕上げた。二年後、一九〇七年七月に、彼は再建三部作の最後の作品の執筆を終え、それは『裏切り者――見えざる帝国盛衰記』という題で出版された。

小説『クランズマン』の大成功を受けて、ディクソンは、それを演劇として脚色する可能性を考え始めた。一九〇五年、数カ月以内に、彼は再建を扱った二作目の小説を劇に書き変えてしまった。その脚本は、ジョン・ヘイ国務長官から絶賛され、また後にマーク・トウェインの遺著管理者になったアルバート・ビガロウ・ペインも惜しみない賞賛を送った。地方巡業中、その劇は、「最も偉大な南部の劇」として、また「クー・クラックス・クランを扱った、大胆でスリルに富むロマンス」として賞賛を浴びた。たしかに、黒人の扱い方がひどすぎるとか、多くの人びとが弱まってくれればよいと願っている感情や敵対心を逆撫でしているという理由で、劇に行き過ぎの面があることを指摘する批評家もいたが、どこへ行っても、その劇は大入りの観客を集めたのだった。『クランズマン』は、ベストセラー小説としてのみならず、舞台の上でも、多くの人に感動を与えるスリル満点の作品だった。

一九一二年にヨーロッパ旅行から帰国したディクソンは、これまでの業績に誇りを抱きながらも、もう一度自分の将来について真剣に考え始めた。その時までに、彼は、再建の三部作と社会主義に関する三部作を完成させていた。『クランズマン』は舞台で成功を収め、彼はあらゆるところで、まるで天才のようにもてはやされた。彼は、もう一度、俳優の道を歩もうかとも考えたが、そんな経歴は余りにも平凡で想像力に欠けるとして退けた。同じように、脚本家としての活動を続けていくという考えも、彼の意には沿わなかった。それは、比較的小規模の聴衆を前にして、劇の構想や場面を際限なく繰り返し書き続けるのは、考えを世に広める手段としては効率が悪いという消極的な理由からだった。この点では、書物も世に訴えかける力には限界があるので、ディクソンはこれからも著作を続けていこうと考えたが、決して執筆に全精力を注ぎ込むようなことはなかった。

しかし、この時には、すでに「活動写真」という新しいメディアが存在していて、ちょうど一般の人たちにも知られるようになってきたところだった。この新しい伝達手段は、ディクソンの伝記作者の言葉を借りれば、まるで「どこかで聞いたことのある歌の歌詞のように」彼を引きつけた。この新しいメディアは、当時まだ大多数の俳優たちや、教会関係者や、多くの「立派な」人たちから、低くみられている状態にあった。しかし、たとえば、生き生きした歴史物語のように、何か重要なメッセージを伝えることで、映画を現在より高尚なものへと高めていくことができるとすれば、それは何百万人もの人びとの心に触れ、かれらに影響を与える手段にならないだろうか。これは、もしかすると、興奮をかき立てるような、新しい冒険になるかもしれない。そして、この冒険好きの男は、自分で発した問いに肯定の回答を与えたのである。

ヨーロッパから帰国した後の数カ月間、ディクソンは、誕生してまもない映画産業のプロデューサーを説得して、『クランズマン』の彼のシナリオを取り上げてくれるように依頼したが、誰もその申し出を承諾する人はいなかった。映画は、どたばた喜劇や軽い笑劇、ほとんど構想を必要としないアクションの連続としてのみ、人気を博していたのだった。ディクソンが話をもちかけたプロデューサーは、みな、『クランズマン』は長すぎるし、テーマも深刻すぎて、余りにも論争的であると、主張した。ようやく一九一三年の後半になって、ディクソンは小さな会社の経営者ハリー・A・エイトキンに会い、彼を通じてデイヴィッド・W・グリフィスと知り合った。グリフィスは、自分の一リールものの短編の制作の手を休めて、『クランズマン』のような大作を手がける可能性を考慮する程度には、十分な勇気と想像力をもち合わせた人物だった。グリフィス自身の会社、エポック制作社が、ディクソンが自分の作品にたいして要求した一万ドルを支払うことができなかったので、ディクソンは映画の収益の二五パーセントを受け取るということで満足しなければならなかった。ディクソンの励ましの言葉や数多くの提案に身を固めて、グリフィスは配役を見つけて制作に取りかかるためにハリウッドへ旅立った。実際の撮影は、一九一四年の七月から一〇月にかけての九週間で行なわれた。

この時までの映画は、任意の距離から撮影され、ほとんど連続性のないままにつなぎ合わされた、一連の気取ったポーズ写真で構成されていた。芝居ではなくて、人物の動きこそが重要だったのである。グリフィスは、ここで、映画に新しい、重要な芸術形態を与えるような撮影の原則を導入した。「彼のカメラは生きた人間の目となり、喜びや悲しみに満ちた顔をのぞき込み、時間と空間を広範囲に前後しながら、全体をひとつの意味をもった溶剤の中に溶かし込んで、その結果、物語に劇的な統一性とリズム感がもたらされるのだ。」再建の物語に新たな次元を与えたのは、ここで言う生きた人間の目だったのである。

この映画はディクソンではなくグリフィスが作ったものだと、これまでにも指摘されてきた。しかし、このような指摘は明白な誤りである。たしかに、グリフィスはケンタッキー州の出身であり、南部の大義にある種の同情を抱いていた。そして、映画の成功に興奮したディクソンが、初演の日の幕合いの時に、南軍の兵士の息子だったグリフィスでなかったら、誰もこの映画の監督はできなかっただろうと言ったかもしれない。しかし、グリフィスの歴史の知識は貧弱なものだった。また、彼は映画を撮影する技術的な面に心を奪われて、その内容に関して彼の見解を差しはさむことなどできなかったはずである。『豹の斑点』や『クランズマン』の本文と映画それ自体をざっと比較してみるだけでも、『国民の創生』が完全にディクソンだけの手によって作られたことを納得できるだろう。

一二リールからなる映画が完成したとき、ジョゼフ・カール・ブレイルが映画の音楽部分の楽譜を作曲した。それは、基本的には、黒人のフォークソングの改作とワーグナーの『リエンツィ』と『ワルキューレ』、またベルリーニの『ノルマ』からの楽節をつないだものである。一九一五年二月、ロサンゼルスとニューヨークで、関係者だけに映画が上映された。ディクソンが初めて見たのは、ニューヨークでの上映の時だった。彼は、一階にいる七〇人余りの人びとがくだらない映画だとあざけったり、不満のやじを飛ばすのではないかと心配しながら、一人でバルコニー席に腰かけていた。そのようなことが起こる気配は全くなかった。その映画を見た時の自分の気持ちを「不思議な」体験だったと、ディクソンは言う。「画面が次第に暗くなって最後の場面が消え去った時」と、彼は後に当時のことを思い出して語っている。「私は、自分の首を締めつけていたあの感情は自分だけのものなのだろうかと、ぼんやりと考えた。階下へ降りて行ってロビーにいる少人数のグループのところへ歩み寄り、映画の感想を聞いてみたかったのだが、なかなかそうする気持ちにはなれなかった。私は、用心しながら、ゆっくりと階段を降りて行った。すると、思いもかけず、七五人という数の人びとから、私がそれまで聞いたことのないほど大きな歓声で迎えられた。」その時、ディクソンは、ホールの向こうの端にいるグリフィスに向かって大声で呼びかけ、このように力強い物語には『クランズマン』という題は余りにもおとなしすぎると叫んだ。「この映画の題名は、『国民の創生』にしよう」と、彼は大声で言った。

ディクソンの再建三部作に出てくる登場人物や作品の構想には、かなりの重複もあるが、『国民の創生』は他の二作よりも『クランズマン』に依拠するところが多い。映画の最初の部分で、フィルとトッドというストーンマン家の兄弟が登場する。かれらは、ペンシルヴェニア州からやって来て、サウスカロライナ州ピードモントに住む学校時代の友人キャメロン家の兄弟たちを訪問している。フィルとトッドは、連邦議会議員オースティン・ストーンマンの息子たちなのである。フィルは〔キャメロン兄弟の姉妹〕マーガレット・キャメロンと、ベン・キャメロンは〔ストーンマン兄弟の姉妹〕エルシー・ストーンマンと恋に陥る。戦争が始まると、ストーンマン兄弟は北部へ戻って北軍に参加し、キャメロン兄弟は南部連合の軍隊に入隊する。戦争中に、キャメロンの年下の二人の兄弟とトッド・ストーンマンが戦死する。ベン・キャメロンは負傷し、フィル・ストーンマンの捕虜としてワシントン滞在中、エルシー・ストーンマンの看護を受ける。ところで、エルシーとフィルの父親、オースティン・ストーンマン――現実の世界では、北部の中でも最も急進的で南部と融和しにくい人物だと思われていたサデュース・スティーヴンスをモデルにしたものである――は、南部の黒人たちを説得して、白人たちにたいして反乱を起こすよう懸命に働きかけている最中だった。ディクソンは、ストーンマンには混血黒人《ムラトー》の家政婦がいたという事実を最大限に活用することを忘れなかった。そして、ストーンマンが連邦議会指導者として絶大な権力をふるっていたことや、ストーンマンと家政婦が親密な間柄にあったと言われていることから、ディクソンは『クランズマン』の中で、家政婦を「この国のファースト・レディ」という名で呼んでいるのである。

言うまでもないことだが、再建の話が展開していくにつれて、政治の腐敗とか、あつかましく傲慢な黒人たちの話、白人が黒人兵たちに屈辱を受けたり、略奪が起こったり、無法な状態が続いたり、という話が次々と数多く登場する。南部の白人同胞たちにたいして犯された不正を懲らしめるために、ベン・キャメロンはクー・クラックス・クランの指導者になる。しかし、時すでに遅く、黒人労働者ガスから言い寄られている自分の妹を救出するのは失敗してしまう。彼女は、ガスの手から逃れるために、崖から身を投げて自殺してしまうのである。ガスのほかにも、人種間セックスを試みようとする者がいる。黒人兵たちによって丸太小屋の中に閉じ込められている兄のフィルを救ってくださいと、エルシー・ストーンマンが黒人市民連盟の指導者サイラス・リンチに懇願すると、リンチはエルシーが彼と結婚することを要求する。そこで、ベン・キャメロンの率いるクランズマンたちが黒人兵たちを襲って逃亡させ、エルシーをリンチから解放し、ガスを殺して、事態はようやく解決する。それから、北部と南部の和解を象徴するかのように、ストーンマン家とキャメロン家のあいだで、同時に二組の結婚式が行なわれる。こうして、再建の長く暗い夜が明け、戦争と再建の灰の中から自分たちの祖国が不死鳥のように甦るのを見て、南部の白人たちも将来に明るい見通しをもつのである。

一九一五年二月のニューヨークの劇場では、ディクソンと友人たちは幸福感に浸っていたが、その後、思いもよらない方向から強い反発を受けて、『国民の創生』の地位は危うくなってきた。再建を扱った初期の文学作品にたいしても強い批判を受けたことがあったが、ディクソンの自信がその批判によって揺らぐことはなかった。『豹の斑点』が出版された時、ハワード大学の黒人の学部長ケリー・ミラーは、ディクソンに手紙を書いて次のように述べた。「あなたが書く内容は、法律や社会に定着した秩序を基礎から転覆させるものです。あなたは、法律を無視することを主唱し、無政府主義を唱道しているのです。」また、アーカンソー州在住の黒人弁護士サットン・E・グリッグズは、「世界がこれまで経験したことのないほど大きな憎しみの遺産を後に残すために、ディクソンが必要だと考えることをすべて言い、実行したのだ」と、主張した。ディクソンは、これらの批判に対抗して、「私の本を黒人が読んで理解するのは難しいかもしれないが、黒人たちが私の本をけなすのであれば、かれらは知らず知らずのうちに、自分の最良の友人の一人を非難していることになるのだ」と、述べたのである。

『国民の創生』にたいする反対は、いっそう手ごわいものだった。『ニューヨーク・イーヴニング・ポスト』紙の編集長オズワルド・ギャリソン・ヴィラードと、アメリカ弁護士協会の会長ムアフィールド・ストーリーは、ともに全国黒人向上協会(NAACP)の設立メンバーであり、また活発な指導者でもあった。かれらは、黒人も白人も含めた多数のアメリカ人の気持ちを代弁していた。つまり、その映画は、黒人種全体にたいする侮辱であるだけでなく、真理を意図的にねじ曲げたものだと考えていたのである。(ヴィラードは、映画は「不適切で、不道徳で、正義に反する」ものだと言った。)二人は、映画の上映を阻止することを心に決めて、上映中止を勝ち取るために熱心な運動を展開した。しかし、ディクソンも、自分の作った傑作を広く全国で上映しようと、かれらと同じくらい固く決意していた。かれらは、この点を見落としていただけでなく、ディクソンの才覚を計算に入れていなかったのである。結局、ディクソンは、手ごわい相手であり、じじつ、打ち負かすことのできない敵であることが判明した。

もし、アメリカ合衆国大統領が映画に個人的賛同を与えてくれれば、おそらく反対論を沈黙させることができるだろうと、ディクソンは考えた。そこで、一九一五年二月、トマス・ディクソンは、今やホワイトハウスに住んでいる、昔の学友ウッドロー・ウィルソンを訪問することを決意した。ディクソンが訪ねてきた時、ウィルソンは旧友に会えて嬉しそうだった。二人は、まもなくジョンズ・ホプキンズ大学での懐しい日々や、ウィルソンがウェイク・フォレスト大学の名誉学位を得られるようにディクソンが尽力したことなどの思い出話を楽しく語り合い始めた。ディクソンがウィルソンに自分の新しい映画のことを話すと、ウィルソンはすぐに興味を示したが、亡くなった妻のために喪に服しているので劇場には行けないと言った。そこで、ウィルソンは、彼や家族の人たち、閣僚たちやその家族が映画を見れるように、ホワイトハウスのイーストルームで上映するように取り計らってくれないだろうかと提案した。大統領は、次のように語ったのである。「トム、君のために、私が心から喜んで、このささやかなことをしようとしているのだとわかって欲しい。それは、もうずいぶん前のことだが、君が忙しい生活の中から、私のために、まる一日を割いてくれたことがあるからなのだ。その時、私は仕事のことで危機に直面していて、君の助力は大いに役に立った。私は、その時の思い出をこれまでずっと大切にしてきたのだ。」

一九一五年二月一八日、『国民の創生』がホワイトハウスで上映された。映画が終わると、ウィルソン大統領は、次のような言葉を残したと言われている。「稲光を当てて歴史を語るような映画だ。私が、ただひとつ残念に思うのは、ここで扱われていることがひとつ残らず真実そのものだということだけである。」

ディクソンの次の計画は、最高裁判所の判事たちに映画を見せることだった。ノースカロライナ州出身の海軍長官ジョシーファス・ダニエルズの助けを得て、ディクソンは主席判事のエドワード・D・ホワイトと面会の約束を取りつけた。主席判事は、自分が映画に興味をもっていないことをディクソンに告げ、最高裁判所判事には、もっとましな余暇の過ごしかたがあると言った。ディクソンは、辞去する前に、その映画は再建の真実の話を描いたもので、クー・クラックス・クランによる南部の救出がテーマになっていることを伝えた。これを聞くなり、主席判事は、腰掛けていた椅子の中で前に身を乗り出した。「あなた、じつは私もクランのメンバーだったのです」と言って、彼はその日の夜にも映画を見ることに同意した。ローリー・ホテルの舞踏室に映画を見に集まって来たのは、最高裁判所判事だけではなく、連邦議会の上院と下院の議員たちもゲストを連れて大勢集まったのだった。

映画にたいする反対が静まらないのを見て、ディクソンは、大統領や最高裁判所判事たち、それに連邦議会の議員たちも映画を見て、気に入っていることを明らかにした。ホワイトハウスに電話をかけてこのことが確認されると、ニューヨークの検閲官たちも反対を取り下げた。一九一五年三月三日、映画はこの都市で封切られ、リバティー劇場で四七週間、連続上映された。この映画は、ニューヨークだけでなく全国各地のあらゆる町や村で大観衆を集めて上映されたが、いつも強い反対が起こった。ニューヨークでは、ユダヤ教会の主管者《ラバイ》で市の検閲委員会の委員をしているスティーヴン・ワイズが、『国民の創生』を「人類の一人種にたいする、言葉でたとえようもないほど卑劣で、胸のむかつくような侮辱だ」として、「この映画の上映を許可した検閲委員会は、間抜けかそれ以下だ。私自身、委員であることを後悔している」と、言った。ボストンでは、ウィリアム・モンロー・トロッターのような情熱家を含めて五〇〇人の群衆が、知事にたいして映画の上映を禁止する措置をとるよう要求して、州議会議事堂の敷地内で示威行進を行なった。上映禁止を目的にした法案は、州議会下院をすぐに通過したが、上院の司法委員会で州憲法違反であることを指摘されて否決されてしまった。

ハーヴァード大学の学長は、その映画は白人の理想を歪曲するものだと言った。ハル・ハウスの創立者ジェーン・アダムズは、映画の内容にひどく心を痛めて、それを激しく批判する文を書いた。ブッカー・T・ワシントンは、新聞の中で映画を非難した。全国黒人向上協会の各支部も、各都市での映画の上映に抗議した。しかし、どこでも、その映画の上映が止められたことはほとんどなかったし、演劇評論家の批評はほぼすべて好意的なものばかりだった。バーンズ・マントルは、「強い風に煽られた大草原の山火事のように、ある種の興奮が洗練された聴衆に襲いかかり、かれらの心を奪った」と述べた。また、『ニューヨーク・トリビューン』紙のヘクター・ターンブルは、「尽きることのないスリル」に満ちた「壮大なドラマ」だと評した。しかし、『ニュー・リパブリック』誌のフランシス・ハケットの批評は、見せ物としては「スケールの大きな映画」だが、その作者は事実を歪めて伝えるイエロー・ジャーナリストだというものだった。その映画は、攻撃的なまでに悪意に満ちていて中傷的であると、ハケットは主張した。「それは、精神的な殺人である。」その点は、そうかもしれないとディクソンも思ったようだが、彼が歴史を偽っているという告発にたいしては、彼の話の中にひとつでも歴史的に不正確な点があることを証明した人には一〇〇〇ドルの賞金を与えると申し出た。

映画の中に不正確な箇所があることを、ディクソンに納得のいくように証明することのできた人物がいたかどうか、私にはわからない。私の知っていることは、その映画には事実の歪曲や一面だけの真理、明白な嘘がいっぱい詰まっていると確信していた批評家が、ハケット以外にも数多くいて、その人びとが『国民の創生』の内容の妥当性を問題にしたことである。ワシントンの有名な黒人牧師フランシス・J・グリムケは、「悪意に満ちた映画と闘って」と題するパンフレットを発行したが、それは一行一行ディクソンとグリフィスの作品に反証を挙げたものだった。全国黒人向上協会の機関誌『クライシス』は、「人種にたいする中傷と闘って」という見出しで、毎月、連載の報告記事を掲載した。やがて、全国各地で黒人の宗教団体や教育団体、市民団体が開いた大衆集会において、その映画は容赦のない批判の対象となった。映画が数カ月間の上映を続けた後で、ディクソンは、たったひとつだけ譲歩し、ヴァージニア州のハンプトン大学の黒人たちによってなされている職業訓練のフィルムを一リールつけ加えたのだった。この仕事でディクソンと協力したために、ハンプトンの白人学長は、それまで映画をこっぴどく批判してきた同じ黒人や白人から、激しい非難を受けることになった。

『国民の創生』の中の事実の不正確さや歪みを見つけることは、ごく容易なことである。表向きは、一八六五年から一八七七年までに起こった出来事を直接の体験に基づいて語ったものという形をとっていながら、実際は直接体験したことを綴ったものであるはずがない。再建が始まったときディクソンは一歳だったし、連邦軍の最後の軍隊が南部から撤兵したときにまだ僅か一三歳だったことを思い起こせば、そのことは明らかである。一八六五年から一八六七年までの南部の再建に関する事実を、ディクソンがほとんど何も作品の中に含めることのできなかったひとつの理由は、(それが最大の理由であるわけではないが)ディクソンの年齢によるのである。一八六七年までの二年間は、まだ一人として黒人は投票することができず、南部のすべての州で、旧南部連合の最高指導者を除いた南部白人が州政府を完全に掌握していた。そして、白人たちは社会経済秩序を戦争前とほとんど変わらない状態に維持することを目的にして、次々に法律を制定していたのだが、このような事実はすべてディクソンの作品の中では無視されている。また、映画で描かれているように、黒人たちが白人にたいしてあつかましい態度をとり、復讐心や悪意を抱いていたことを示す証拠は、何ひとつない。フランシス・B・シムキンズは、『国民の創生』の話の舞台となったサウスカロライナ州の再建を専門に研究している南部の白人歴史家だが、彼が指摘しているように、解放民はもとの主人にたいしてほとんど何も敵意を表明しなかった。このことが、黒人たちにとって良い結果をもたらしたとは必ずしも言い切れないが、再建の全期間を通して、大多数の解放民がもとの主人のプランテーションに留まって、精力的におとなしく働き続けたことを示す揺るがぬ証拠が存在するのである。

サウスカロライナ州議会では、黒人たちが乱暴に荒れ狂ったり、無知だったり、よく嘘をついたと、十分な証拠もないままに言われていたことを、その映画はふんだんに取り入れて利用している。また、映画の中では、黒人の副知事サイラス・リンチをずうずうしく、傲慢で安っぽい政治家として設定し、ペンシルヴェニア州出身の連邦議会急進派の指導者で、サデュース・スティーヴンスをモデルにした、オースティン・ストーンマンの金髪娘と結婚することだけが彼の人生の関心事だったように描いている。サウスカロライナ州の最も重要な黒人政治指導者がグラスゴー大学の卒業生フランシス・カードーゾだったことや、州の政治機構を黒人がコントロールしたことは一度もなかったことを認めるのは、ディクソンの構想に適合しなかったのである。それから、再建期のサウスカロライナ州には黒人の副知事が二人いて、一人はペンシルヴェニア州から来た実業家で上院議長として高い評価を得ていたリチャード・グリーヴズであり、もう一人が戦争前チャールストンで船積みの発送係をしていたアロンソ・ランジェイで、不正直であるとか、傲慢だとか、白人にたいして敵意を抱いているとか非難されたことは一度もない人物だったが、このこともディクソンには問題でなかった。さて、候補者はいま挙げた二人しかいないのであるが、この二人のうち、どちらをディクソンはサイラス・リンチのモデルに使ったのだろうか。金髪のエルシー・ストーンマンに言い寄ったために、黒人の副知事サイラス・リンチがクー・クラックス・クランに殺されるのを、ディクソンは満足げに描いているが、いずれにしても、この事件が起こったはずの再建末期に副知事の職にあった黒人は、一人もいないのである。

『国民の創生』の中で、南部の黒人と同様に、最も低級で邪悪な地位しか与えられていないのが、ペンシルヴェニア州のサデュース・スティーヴンスをほんの僅かだけ変えて偽装した登場人物のオースティン・ストーンマンである。連邦議会の中でも、人種間の平等という問題に最も熱心に関与していた議員として、スティーヴンスは南部で最も嫌われていた北部人だった。ディクソンは、自分の目的のためにサデュース・スティーヴンスを利用しようと固く心に決めていたので、スティーヴンスの生涯に関する事実に、可能な限りあらゆる歪曲を施した。まず、第一に、スティーヴンスは生涯未婚だったにもかかわらず、ストーンマンを男やもめとして提示した。これは、ストーンマンに息子や娘を持たせるために、必要だったのである。そうすれば、彼の息子と娘が二人の若い南部人と同時に結婚式を挙げるということで、南部と北部の和解のステージを設定することができるからだった。そして、このことは、ストーンマンの黒人の手下が彼の娘と結婚したいと求めてきたときに、ストーンマンが南部の大義に完全に転向したことを示すために、必要だったのである。

第二に、同じ家の中で暮らしていたこと以外にそのことを指し示す証拠が何もないのに、ストーンマンが黒人の家政婦と親密な関係にあったように提示した。決定的な証拠を導くためには、白人指導者とその黒人の「友人」のあいだの親密な関係には実際によく起こったように、ディクソンは、家政婦リディア・ブラウンをストーンマンによって妊娠させることもできたかもしれない。しかし、そのような設定をすれば、明らかに他の筋立てのいくつかと抵触してしまうことになったのだろう。最後に、ディクソンは、再建の最後の山場で、ストーンマンをサウスカロライナ州まで旅行させずにはいられなかった。それというのも、黒人副知事のサイラス・リンチが彼の娘と結婚しようとし、クー・クラックス・クランがリンチから娘を救出するという設定で、ストーンマンが黒人リンチとクランの両面から究極の屈辱にさらされるようにしたかったからである。

サデュース・スティーヴンスが生涯一度もサウスカロライナ州を訪れたことがないことや、実際には、ディクソンが四歳の時、サウスカロライナ州再建の山場が始まる数年前の一八六八年に、スティーヴンスはこの世を去っていることを、ここで改めて付言する必要はないだろう。それにもかかわらず、トマス・ディクソンは、次のように書いているのである。「私は、老サデュース・スティーヴンスの最初の等身大の歴史肖像画を描いたのだ。アメリカ議会のホールに足を踏み入れた人の中で、最も偉大であると同時に最も卑劣な人物として、あるがままに彼を描いたのである。」そして、これに続けて、彼のお定まりの挑戦の文句が書き連ねてある。「私の作品を批判する者は、『クランズマン』の中で、私がサッド・スティーヴンスを不正に取り扱った箇所があると言うなら、単語でも、行でも、文でも、パラグラフでも、ページでも、章でもいいから、前に出てきて、その場所を指で差して示してごらんなさい。」

他の点を考慮しなければ、『国民の創生』は、現代映画、すなわち真に革命的な伝達手段の時代へと世界を導く先導役を果たしたとして、賞賛されて然るべきなのだろう。マントルはその映画を「素晴らしい」と言ったし、チャールズ・ダーントンはグリフィスの作品を「大作で良くできている」と思った。『ニューヨーク・タイムズ』紙は、「映画撮影用カメラの視界の印象的な新しい実例」であると論じた。しかしながら、それ以外にも考慮しなければならない点があるのである。ディクソン自身が認めているように、彼が映画を作った動機は、真実を発見することではなくて、実際に起こった事実とは無関係に、(本当は、実際の事実に反して、と言いたいのだが)、南部の立場に立った主張をして、それを全国の他の地域の人びとに自ら進んで受け入れてもらうことだった。一九一五年五月、ディクソンはウッドロー・ウィルソンの秘書のジョゼフ・タマルティに手紙を書いて、次のように述べている。「私の映画の背後にあった本当の目的は、観客のひとりひとりを良き民主党員に変えてしまうような歴史の提示のしかたをして、北部人の感情に革命を引き起こすことだった。……私たちの映画を上映している映画館から出て来る人は、みな一人残らず、生涯を通して南部の味方になるだろう。」それから数カ月後、今度はウィルソン大統領本人に手紙を書いて、「この劇は、北部と西部に住む全住民を、南部に同情的な有権者に変えようとしている。今後、あなたの南部分離政策が必要となることは、もう二度とないでしょう」と伝えたのである。

アメリカ合衆国第二八代大統領トマス・ウッドロー・ウィルソンは、彼自身専門的な訓練を受けた歴史家なのだが、このようにして、自分の高い官職の威信とホワイトハウスでの手厚いもてなしを供与して、歴史という名をかぶせた見苦しい宣伝活動に手を貸したのだった。ディクソンが、歴史の真実に関心をもっていたのでは決してなかった。彼は、特定の宣伝用の作品を歴史という名前で「売る」ことに、関心を抱いていたのである。そのこと自体決して感心できないことだったが、それが最大の悲劇だったわけではない。最大の悲劇は、『クランズマン』と『国民の創生』という作品を通じて、トマス・ディクソンが強力で素晴らしい、新たな伝達の道具を使用して、アメリカ人の心に残酷な偽りを植えつけ、悲しいことに永遠という言葉に限りなく近い長期にわたって、それを定着させるのに成功したことなのである。

『国民の創生』がアメリカ全国の何百万もの人びとの前で上映されたのと同じ一九一五年に、クー・クラックス・クランが復活した。その年の秋、映画がアトランタで一般公開された時に、その時まで数年間クランの復活を熟慮していたウィリアム・J・シモンズが行動を起こしたのである。彼は、一八六六年の最初のクランのメンバー二人とジョージア州議会議長を含めて、全部で四〇名近くの人を集めた。かれらは結社を結成することに同意し、シモンズはクラン結成の正式な儀式を取り行なう日として感謝祭の前の晩を選んだ。アトランタで映画が公開されると、地元の新聞は、映画の広告と並んでシモンズの書いた告示文を掲載した。それは、「愛国的で、友愛に満ち、相互扶助を目的とした、世界最大の秘密結社」の結成を知らせる文章だった。こうして、『国民の創生』の助けを借りて、新しいクー・クラックス・クラン、すなわち「高い知性と地位を有する人びとの高級な結社」が活動を始めた。この組織は、一九二〇年代には南部各地だけでなく北部や西部へと広がり、黒人のみならずユダヤ人やカトリックの人びとのあいだにまで恐怖をまき散らしたのである。

一九一五年の秋から一九一六年の冬にかけて、何千人、何万人という南部人が『国民の創生』の感動的な場面を見て心をわくわくさせた。「かつては、ときに応じて灰色の軍服や白いシーツ、赤いシャツなどを着ていた南部の男たちが、涙を流して泣き、大きな声で叫び、喚声を上げ、喝采した。そして、一度などは、黒人の追跡者から逃げようとするフローラ・キャメロンを勇敢にも救おうとして、スクリーンに向かって銃で発砲することまでしたのである。」かれらは、新しいクー・クラックス・クランに参加する態勢を整えていた。このようなわけで、『国民の創生』は、アメリカ史上最も悪質なテロ組織が再び誕生する時に助産婦の役割を果たしたのである。

ディクソンが、『クランズマン』を書いていたとき、アメリカに出現した最も徹底した人種差別主義者という地位を、著作活動を通じて、彼と争っていた人びとが、ほかにも何人か存在する。一九〇〇年に、チャールズ・キャロルは、黒人の人種的性格と非道徳性を口汚く攻撃した『黒人は獣』という本を出版した。二年後、彼は、この本の内容を拡充して、『イヴを誘惑した悪魔、すなわち黒人にたいして社会的、政治的、宗教的平等を認めることが犯罪である理由』という題で刊行した。また、それと同じ一九〇二年に、ウィリアム・P・カルフーンが『アメリカ合衆国における白人と黒人』を出して、黒人にたいする攻撃を継続した。そして、一九〇七年、つまり

『クランズマン』が世に出た二年後、ロバート・W・シューフェルトが『黒人、すなわちアメリカ文明にたいする脅威』を出版した。

しかし、これらは、『クランズマン』と同様、たんなる書物であって、ディクソン自身がすでに結論を下していたように、本というものは、世に訴えかける力に限界がある。ディクソンの邪悪な才能は、映画という新しいメディアを利用して、本を読めない者も含めて何百万人ものアメリカの白人たちを説得し、アメリカ黒人を攻撃する彼の主張が妥当で反論の余地がないものだと信じ込ませたことにある。その問題は、文字を読むことも考えることもしないアメリカ人が、ディクソンの宣伝に説得されたということだけに留まらない。アメリカの非常に多くの白人が、自分の偏向や偏見を正当化しようとして、南部の大義に同情を集めることが目的だとディクソン自身が認めるような宣伝に飛びつき、それを絶対の真実として歴史に変えていったことこそ、問題なのである。

クロード・バウワーズと言えば、この国でも最も尊敬されているジャーナリスト兼歴史家の一人だが、一九二九年に出版された彼の本、『悲劇の時代』を読んでみれば、『国民の創生』の中で論じられた主張に忠実に従って書かれているのを知って、畏敬の念を受けないまでも感銘を受けることだろう。サデュース・スティーヴンスが南部にたいして敵意に満ちた復讐心を抱いていたこと、黒人議員たちは、みな買収され易く政治腐敗が多発したこと、黒人支配の脅威にさらされた白人文明を救うという崇高な目的をもって、クー・クラックス・クランが立ち上がったことなど、『国民の創生』の論点が、すべてこの本の中に再現されているのである。北部社会のどうしようもない人びとが「黒人の利己主義」を燃え立たせたのだと、バウワーズは書いている。「そして、まもなく、あの過度の性欲から生じた強姦が始まった。レイプは、再建という時代が産み落とした憎むべき娘なのだ」と、彼は主張する。『悲劇の時代』のように扇動的な文章で書かれ、あの権威ある文筆業者組合の選定を受けた本なら、絶大な影響力を行使できることを、ディクソンであっても認めないわけにはいかないだろう。『悲劇の時代』は、一世代以上にもわたって、再建に関して書かれた本の中で、最も広く読まれたものであり、この本を通じて、『国民の創生』の中で示された立場は、人びとの中にいっそう深く浸透していったのである。

ディクソン流の解釈をもっと最近書かれたものの中から探すとすれば、ジョージア大学のリージェンツ歴史学教授で南部歴史学協会の初代会長でもあるE・マートン・コウルターの『再建時代の南部』を読んでみるとよい。この本の中にも、また、『国民の創生』の凝縮をすべて見ることができる。無知で酒に酔った、腐敗した黒人議員たちや、選挙権を奪われた、罪のない白人たち、そして南部を完全な破局から救うためにクランが、やむにやまれない手段に訴えたことなどが、それである。さらに言えば、アリステア・クックの本やテレビ番組にも、その磨かれて洗練された作品の中に、信じられないほど『国民の創生』で示された議論に追随した解釈がみうけられる。また、小学校や中学高校で実際に使われているアメリカ史の教科書を、どんなものでも一冊手に取って読んでみれば、政治の腐敗や黒人による白人の抑圧について多くの記述があり、社会的に信頼でき、道徳的にも否の打ちどころのない南部の白人が最後には再建を転覆させたことも詳しく書かれていることに気づくだろう。しかし、南部の白人たちが黒人解放民を抑圧したこと、南北戦争終結直後に南部白人のテロ行為があったこと、急進的再建の時代であっても、白人の多数派支配がなお持続していたこと、そしてこの時代に初めて公立学校や他の社会制度が確立したことなどは、教科書の中で全く触れられていないし、またバウワーズの本にも、コウルターの本にも、クックの本にも、そして、たしかに『国民の創生』の中にも書かれていないのである。

明らかに、再建にたいする現代の誤った見方の責任を、すべて『国民の創生』に押しつけることはできない。ディクソンが執筆していた時に、彼と同じ考えを抱いていた人は、ほかにも多数いるし、その時以降そのような考えを忠実に守っていった人びとも数多くいるからである。ただ、『国民の創生』は、当時、次第に影響力を増大しつつあった、新しい伝達手段を用いて、ほとんどの南部白人が抱いていた立場を雄弁に代弁していたのみならず、歴史という名をかぶせた宣伝活動を熟慮して成功裏に実行する道具としての役割を見事に果たしたので、現代における再建の見方にたいするその影響力は、他のどんな単一の力よりも大きかったのである。現代に至るまで、何度も『国民の創生』は再上映を重ねてきており、その再上映を通じてディクソンの提示した主要な論点が生き残ってきた。その映画は、今日でもなお、時代物として多くの場所で上映されている。それは、すでに古美術品の地位を獲得したのであって、その映画の価値は、映画制作技術の発達を私たちに示してくれるという点にあると考えられている。しかし、筆者が最近実際に体験したように、照明を消されたホールの中に腰を降ろし、この時代物の作品を鑑賞する時、夜中に馬に乗ったクランの団員が出かけていく場面で、観客が落ちつかない笑い声を発したり、ところどころで拍手喝采が起こるのを耳にすると、多少の当惑を覚えるのである。観客からのこのような反応は、時代物の映画作品『国民の創生』にたいしての反応であって、歴史という名前の宣伝を行なうための強力な道具としての『国民の創生』にたいしてのものではないと推察し、そう願うばかりである。

第八章

ジョージ・ワシントン・ウィリアムズ探求

あの経験をして以来四〇年近くにもなるが、私は今でもまるで昨日の出来事のように、それを鮮明に覚えている。一九四五年の春、私は、二年後に『奴隷制から自由へ――アメリカ黒人の歴史』という表題で出版された書物の著述に取りかかったところだった。著述を始めるにあたって、私は自分が教鞭をとっていた、ノースカロライナ・セントラル大学の図書館に行き、一九二二年に出版されたカーター・G・ウッドソンの『アメリカ史の中の黒人』以外に、黒人のことについて書かれた本があるのか、書架を見てみることにした。すると、驚いたことに、そこでジョージ・ワシントン・ウィリアムズによる二巻本、『アメリカにおける黒人の歴史、一六一九―一八八〇年――奴隷、兵士、そして市民としての黒人』が目にとまったのだ。その著作は一八八二年に有名な出版社、G・P・パトナムズ・サンズ社から出されており、およそ一〇〇〇ページの中に、アフリカ文明から始まり、新世界におけるアフリカ系アメリカ人の歴史が、ほとんどすべての側面にわたって描かれていた。しかも、その本は、数多くの脚注がついていることからもわかるが、念入りな調査に基づいており、論理的に構成された優れた書物だった。この図書館のカード目録を調べた私は、ウィリアムズがもうひとつ著作を残していることも知った。一八八七年にハーパー・アンド・ブラザース社から出版された『南北戦争における黒人兵士の歴史』である。

その後、私はウィリアムズについて多くのことを学んだ。彼は一八四九年にペンシルヴェニア州ベドフォードスプリングズに生まれたのだが、その直後からと言っていいほど、彼の行く手には冒険と興奮の人生が待ち受けていたようだ。ほとんど教育らしいものを受けないままに、ウィリアムズは一八六四年に一四歳で家を飛び出し、南北戦争の連邦軍側に身を投じた。戦争中にさまざまな戦闘に参加した彼は、戦後メキシコに行き、そこでマキシミリアン皇帝を倒した勢力とともに戦った。合衆国に帰国したウィリアムズは、今度は合衆国正規軍の中にある四つの黒人部隊のひとつ、第一〇騎兵隊に入隊したが、一八六八年には健康上の理由でそこを除隊させられている。

その後、彼はニュートン神学校で高等教育を受けた。入学した時は半ば文盲のようなものだったが、五年と経たないうちに、彼は流麗な文を書くようになり、雄弁家にもなっていた。それから卒業、結婚と続き、二五歳の時にはボストンの第一二バプティスト教会に牧師として赴任する。

翌年、妻と幼い息子(その年の初めにボストンで生まれた)とともに首都ワシントンに行き、そこで『コモナー』という新聞の編集に携わった。それからまもなく、ウィリアムズはシンシナティに移り、牧師や、『シンシナティ・コマーシャル』紙のコラムニストとして、また、ウィリアム・ハワード・タフト大統領の父親のもとで学んだ後には法律家として、そして州議会における最初の黒人議員、さらに黒人史の歴史家として、さまざまな方面で活動した。

一八九〇年になると、ウィリアムズは、鉄道王コリス・P・ハンティントンの援助によって、ベルギー領コンゴに現地状況の調査に赴いた。同地を広範囲にわたって旅行した後、彼は国王レオポルド二世に「公開書簡」を書き、コンゴにおける国王の非人道的な政策を非難した。ベンジャミン・ハリソン大統領の要請により、ウィリアムズは大統領にも報告書を書いていたが、彼のレオポルド国王批判は合衆国内ではほとんど注目されなかった。ウィリアムズは、その後、アフリカに関する大著を書くことを意図して、イギリス人の「婚約者」(彼は妻とは離婚していた)と一緒にイギリスに渡った。しかし、病に倒れ、四一歳でブラックプールの地で亡くなったのである。

ウィリアムズは世界中のさまざまな地域で重要人物と幅広い面識があった。彼はブリュッセルで国王レオポルド二世と少なくとも一回は長時間の会見を行なっている。また、イギリスの船舶王ウィリアム・マッキノン卿や宣教師ジョージ・グレンフェルとも知り合いであった。合衆国ではラザフォード・B・ヘイズ、グローヴァー・クリーヴランド、ベンジャミン・ハリソンの各大統領と会って話をしたことがあった。また、マサチューセッツ州選出のジョージ・F・ホア上院議員は熱烈なウィリアムズの支持者の一人である。オハイオ州ではチャールズ・フォスター州知事、ジョン・シャーマン上院議員、アルフォンソ・タフト判事、ムラート・ハルステッド（『シンシナティ・コマーシャル』紙の編集者）、チャールズ・フライシュマン上院議員等が友人として挙げられよう。さらに、ヘンリー・ワズワース・ロングフェローやジョージ・バンクロフト、ジョージ・ワシントン・ケーブルといった文人とも交際があった。

フレデリック・ダグラスも彼の知人であり、ジョン・マーサー・ラングストン下院議員、『ニューヨーク・トリビューン』紙の編集者T・トマス・フォーチュン、ハーヴァード大学を卒業した黒人の中でも初期の人であるリチャード・T・グリーナー、首都ワシントンにおける最初の黒人判事ロバート・テレル、さらにボストンでは黒人指導者のジョージ・L・ラフィン判事、市民運動の指導者ジェームズ・M・トロッター、奴隷制廃止論者で議員のルイス・ヘイドンも友人だった。幸運なことに、ウィリアムズの人生に関して不明の部分を解明していくさいに、私は、しばしば、ウィリアムズがこれら多くの友人たちと交わした手紙をみつけることができた。

私は、それまでアメリカ黒人史の授業をとったことはなかったのだが、それでも、自分がこの人物を知らず、驚くべき彼の人生の中で起こった多くの出来事について、聞いたことがなかったのを恥ずかしく思った。当時、私は、何故この黒人歴史家が完全に忘却の彼方に追いやられてしまったのかを不思議に思ったが、この疑問はその後も私の頭から離れなかった。私は、彼の生きていた時代については少なからず知っており、ウィリアムズが忘れ去られたのは、一九世紀後半のこの国の社会状況に、すべてとは言わずとも原因があると気がついた。つまり、社会的圧力のようなものが当時はあったために、アメリカ黒人が社会にたいして建設的な貢献をしてきた事実は記憶されることなく、かれらが合衆国における学問の発展や著作活動にかかわってきたことや、ヨーロッパ人やアメリカ人によるアフリカの略奪という、かれらが指摘してきた事実も忘れ去られてしまったのだ。そこで、もし、一八九一年のウィリアムズの死去から私の世代に至るまで、二世代にわたって彼が知られていなかったのであれば、私はその状況を打破するために、できる限りのことをしようと決心した。

幸運なことに、『アメリカ人物辞典』の中にウィリアムズに関する簡単な記述があり、すぐに私はそれを貪り読んだが、当時はその記述が事実誤認に満ちていたことを知らなかった。それからまもなく、私はワシントン滞在中に、アメリカ黒人の生活・歴史研究協会の創立者で理事長のカーター・G・ウッドソン博士を訪ね、博士にジョージ・ワシントン・ウィリアムズについて尋ねてみた。すると、嬉しいことに、博士は年齢の差からいってウィリアムズとは面識こそないが、彼についてなら知っていることもあると言ってくれた。博士は、ウィリアムズに関する情報をいくつか私に教えてくれ、さらに、もし私がこのテーマで論文を書くのであれば、秋に開かれる協会の年次大会でそれを発表できるように招待するとも言ってくれた。そして、博士によれば、ウィリアムズ夫人は首都ワシントンでまだ存命なのではないかということであった。私は、一八九一年に夫を亡くした人が一九四五年にまだ生きているという事実を受け入れることが、しばし、できなかった。しかし、ノースカロライナ州ダーラムの自宅に戻ってほどなく、私はウッドソン博士から実際に夫人は存命であるという知らせを受け取った。博士は夫人の住所も教えてくれ、私は即座に彼女に手紙を書いた。その二、三週間後、私はヘンリー・P・スローターという人物から連絡を受けたが、何ということか、ウィリアムズ夫人は、つい先日、五月一五日に九二歳で亡くなり、夫人が所有していたジョージ・ワシントン・ウィリアムズの手紙や書類は、彼が持っていると言うのだ。そして、スローター氏は、私がそれらの書類を見ることを厭わないと言ってくれた。

私はウッドソン博士から協会の年次大会への招待を受けていたので、ウィリアムズについての論文を書く時間は余り残されていなかった。私はすぐさま用意を整えてワシントンに行き、そこでヘンリー・P・スローターの歓待を受けた。彼は一〇通ほどの手紙の束と、ウィリアムズが一八九〇年と一八九一年にアフリカ滞在中に書いていた日記だという三冊のノートを持ち出してきた。スローター自身も立派な人物であった。連邦政府の文官として勤務するかたわら、彼は黒人の手によって書かれたものや黒人に関する資料(手稿、本、パンフレット、新聞など)を手間をかけて集めることに、自分の時間のほとんどを費やしてきた。一九四五年の時点で、おそらく、彼のコレクションは私人の手によるものとしては最高の部類に入るものであっただろう。彼の住む三階建ての住居は図書館に模様変えされており、どの階も部屋の壁いっぱいの長さに本棚が据えつけられていた。そして、部屋の中は、言葉では言い表わせないほど、雑然として散らかっていた。スローターは、ウィリアムズが夫人宛てに書いた手紙を私が読むことを許してくれ、私はそれをノートにとった。彼はウィリアムズの日記も見せてくれて、ノースカロライナ州に持って帰るようすすめてくれたが、私は保管について責任がもてなかったので、その申し出を断った。この時の決断について、私は今日この日まで後悔している。しかし、その日記はアフリカ旅行について書かれたもので、ウィリアムズの歴史家としての業績に焦点を当てようと思っていた私にとって、その時点では必要なかったのだ。

一九四五年の秋、私はアメリカ黒人の生活・歴史研究協会の大会で「ジョージ・ワシントン・ウィリアムズという歴史家」と題した報告を行なった。翌年の一月、その学会報告は『黒人史ジャーナル』に論文として掲載された。それは、『アメリカ人物辞典』に載っている簡単な記述を除けば、ウィリアムズに関するものでは、彼の死後に出版された最初のものであった。また、その論文は辞典に書かれてあったことに、いくつかの補足や修正を加えるものであったが、今読み返してみると、私自身、ウィリアムズについて当時は知らなかったことや、いくつかの事実誤認が目につき、気が重くなる。それでも、ウィリアムズがどのような人物だったかを示すいくつかの新しい事実を論文の中で提供することができたと、私は思っている。

ウィリアムズのたどった人生を再構築するために、私は彼の活動に関する情報を集めたが、それらの情報は、大変な苦労をして掘り起こしたものばかりだった。ウィリアムズに関する資料収集といっても、ヘンリー・P・スローターの所有している何通かの手紙とアフリカ滞在の日記だけだった。しかも、私は最初に手紙だけは目を通したが、その後は運の悪いことに、それらの資料を見ることは二度とできなかった。私は、ワシントンに行く度に、スローターを訪ねてウィリアムズの日記を見せてくれるよう頼んだのだが、彼の返事がいつも否なのである。しまいには、彼は、自分自身でウィリアムズの伝記を書くつもりなので、二度と私には資料は見せられないと言いだして、私は驚いた。私はスローター氏と競合することについて、とくに心配はしていなかった。というのも、彼はすでに七九歳になっていて、伝記を書き終えることができるとは思えなかったからだ。しかし、何故、彼が私に資料を見せたがらないのか、私は不審に思った。

それからまもなく、スローター氏は自分のコレクションのすべてをアトランタ大学に売却した。私はすぐアトランタに行き、ウィリアムズの日記を見せてくれるよう頼んだが、彼の返事は、コレクションの中にはウィリアムズに関するものは全くないというものだった。私は愕然とした。というのも、この頃には、その日記を見たいという願望に私はとりつかれたようになっていたからだ。私は、自分にしろ誰にしろ、ウィリアムズの日記を読まずして、彼の伝記を書くことは可能なのだろうかと思い始めた。ウィリアムズの資料の行方について推測してみて、私はひとつ慰められることがあった。スローター氏を訪問した時、私は、彼が切り抜きをするつもりでとっていた新聞の束の山を見ている。思うに、それらの束がごみとして捨てられるさいに、ウィリアムズの書類も一緒に捨てられてしまったのではないか。あれから三五年間、日記を探し続けて今だに見つからない現在、私のこの結論はとりあえず正しいということになる。

ウィリアムズの人生の初期について、私はほとんど何も知らなかったのだが、ある日、ハワード大学で一通の手紙を見つけた。それは、一八六九年三月、当時一九歳のウィリアムズが書いたもので、オリヴァー・オーティス・ハワード将軍宛てに、彼が創設者のひとりであったハワード大学への入学許可を求めるものであった。その手紙は、綴りの誤りがあるなど、間違いだらけの長いもので、自分の生い立ち、両親と一緒に町から町へ移り住んだこと、南北戦争中の従軍の様子、教育を受けて黒人のために何かをしたいという彼の強い熱意などを、ハワード将軍に語っている。この手紙によって、ウィリアムズが生まれ故郷のベドフォードスプリングスで両親や兄弟とどのように過ごしていたのか、また、彼の軍隊での生活や牧師になるための訓練などについて新しい手がかりが得られた。一八七四年、ボストンで牧師をしていた時、ウィリアムズは基金を募るために、第一二バプティスト教会の歴史を書いた。私は印刷されたその本を見つけ、その教会の歴史や重要性だけでなく、学生として、また牧師としてボストンに住んでいた頃のウィリアムズについて、多くのことを知ることができた。

一八七五年にボストンを離れてから、ウィリアムズが首都ワシントンに滞在した期間について知ることは、ほぼ不可能であった。彼はワシントンに行って『コモナー』という新聞を発刊したが、これはフレデリック・ダグラスが発行し、一八七三年の恐慌で中断してしまった新聞、『ニュー・ナショナル・エラ』紙を引き継ぐものだった。時あたかもワシントンは再建期の真只中で、合衆国議会では黒人の運命を左右するような審議がなされており、重要な時期であった。ウィリアムズについての資料は、ダグラスに関するコレクションの中には全くなく、ダグラスの発行していた新聞の紙上にも、彼についてはほとんど書かれていなかった。一方、私はウィリアムズが編集をしていたという新聞、『コモナー』紙を見つけようと、あらゆる場所を探したが、国会図書館やその他のありそうなところにもなかった。それは『全国新聞総目録』にさえ載っていなかったのだ。

この時期のウィリアムズに関しては空白のままだったが、ある時、私の調査助手がマサチューセッツ州のウスターにあるアメリカ古物研究協会《アメリカン・アンティクエリアン・ソサエティ》の図書館に『コモナー』紙があるという記述を見つけた。私には、それがウィリアムズの編集していた『コモナー』紙だとは、とうてい信じられなかった。私は、古物研究協会に軽い気持ちで手紙を書き、その新聞と編集者、内容について尋ねてみた。すると、驚いたことに、そして何よりも嬉しいことに、手紙の返事には、協会のコレクションにあるその新聞はジョージ・ワシントン・ウィリアムズ牧師によって編集されていたとあり、さらに、発行されていた約六カ月の新聞すべてが協会には保存されていて、もし私が目を通したいのであればマイクロフィルムにして送ってくれるとあったのだ。その新聞は貴重な掘り出し物であることがわかった。というのも、ウィリアムズは編集人、発行人、コラムニスト、記者の役に加えて、その新聞のいわば何でも屋をやっていたからだ。私は、ウィリアムズの関心や価値観、宗教から再建に至るまで、さまざまな問題に関する彼の見解、そして人間関係などをこの新聞から学ぶことができた。

一八七五年にシンシナティに移ってからのウィリアムズについては足跡がつかみやすく、オハイオ州在住時代の資料も比較的豊富にある。シンシナティに到着してまもなく、『シンシナティ・コマーシャル』紙の編集人、ムラート・ハルステッドが、同紙にコラムを執筆するようウィリアムズに依頼をした。この時、ウィリアムズが書いたコラムの多くは自伝的なもので、とくに合衆国陸軍時代とメキシコで共和主義者の勢力とともに戦っていた頃の情報が、かなり含まれていた。オハイオ州では活発な共和党員だったウィリアムズは、かなりの数の演説を行ない、そのうちのいくつかは新聞にも報道された。その後ウィリアムズ自身も公職を目指すようになり、シンシナティだけでなく、州全体で注目を浴びるようになった。一八七九年には州議会に立候補して当選し、その名前と業績は後世の者が調べやすいほどに公的記録として残っている。

一八八一年に州議会を去ったウィリアムズは、アメリカにおける黒人の歴史を彼なりに書くことに全精力を注ぎ込む決心をする。実際、彼は州議会にいるあいだに、この仕事に着手していた。長い間ひとつのことに集中して研究をする利点のひとつは、自分のやっていることが他人に知られ、関連のある情報を教えてもらえる時があることだ。ある時、シカゴ公共図書館の理事会に出席したさい、オハイオ州の図書館について博士論文を書いたというスタッフの一人が、ウィリアムズが州議会議員だった一八八〇年にオハイオ州立図書館から借り出した本のリストを私に提供してくれた。そのリストには歴史一般についての本、合衆国史、軍事史、そして、ウィリアムズが黒人に関する知識・情報を少しずつ取り出したであろう本などが数多く挙げられていた。

ウィリアムズは、自著『黒人の歴史』の序文の中で、全国各地の図書館の館員に負うところが大きいと述べているので、私はそこに挙げられている図書館にも調査の目を向けた。たとえば、アメリカ古物研究協会、ボストン文芸協会、マサチューセッツ歴史学協会の図書館では、ウィリアムズが調査をし、資料に目を通し、ときには、いろいろな依頼をしたという記録が残っていた。また、ウィリアムズが図書館員に資料のコピーを頼んだものの、残念なことに、彼が料金を全額は払っていないという記録も残っている。

ウィリアムズが、最初の著書を出版して注目を浴びてからは、彼の残した足跡が全く消えてしまうようなことはなかった。ウィリアムズが、オハイオ州を去ってボストンに移り、そこである法律家の提案によって弁護士の仲間入りをしたことは、新聞や手紙によって知ることができた。二、三カ月後、おそらくは再建期の歴史を書くための調査を始めようとして、彼は首都ワシントンに戻った。しかし、政治との縁がこれで切れたわけではなく、ワシントン到着後まもなく、チェスター・アーサー大統領は彼をハイチの合衆国公使に任命した。ところが、アーサー大統領が任期を終える一八八五年三月四日以前に上院がウィリアムズを承認し、同時に任期を終えることになっていた国務長官も彼の就任を許可していたにもかかわらず、新任の国務長官がウィリアムズの公使就任を拒否したのである。

私は、彼がハイチへの公使に任命されたことは知っていたが、何故その職に就かなかったのかは知らなかった。その疑問は国立公文書館に残っている国務省の関係書類を発見したことで解けた。この書類によって、私は、ウィリアムズの公使任命と承認に関する詳細、任命にたいして黒人コミュニティーの内部から起こった大きな反対、前年のウィリアムズの行動について国務省が発見したこと等について知ることができた。結局、新任のクリーヴランド政権が、ハイチの首都ポルトープランスへのウィリアムズの公使就任を拒否すると、ウィリアムズは給料を要求して合衆国にたいして訴訟を起こした。この件に関する詳しいことは、結果的に国務省の立場を支持する判決を出した合衆国請求裁判所の判決文に書かれている。そして、合衆国で自分の身を立てようとして、すべてをやりつくしたウィリアムズは、アフリカへその目を向けるのである。

ウィリアムズの人生の中で、アフリカでの日々が、いろいろな意味で一番興味深いものである。また、この時期の彼の活動ほど再構築するのが困難な部分はなかった。なにしろ、手がかりがほとんどないのだ。ウィリアムズが、一八九〇年の初頭にコンゴに行ったことは私も知っていた。そこから、私は、彼がベルギー国王に宛てて書いた「公開書簡」を探すことができた。また、そのほかに、合衆国大統領への報告とコンゴ横断鉄道の建設に関する報告という、二つの重要な書類を見つけた。この三つの資料は多くを語ってくれるが、それだけでは明らかに不充分だった。どうやって、ウィリアムズはコンゴに行くことができたのだろう？　ウィリアムズは、ホテルやレストランは一流好みだったが、決して金持ちではなかった。また、かれはアフリカで誰に会い、会った人びとは彼の行動についてどう感じたのだろう？　ヨーロッパからの人を誰か知っていて、その人がアフリカ旅行と関係しているのだろうか？　他にも多くの疑問があって、長年、私は頭を悩まし続けていた。

私は、これらの疑問に答えてくれるような手がかりを、少しずつ得ていった。まず、ベルギーの図書館で、ベルギー国王との関係について多くの情報を得ることができた。また、ウィリアムズが詐欺師か、ゆすり屋だったのではと示唆する資料も見つけた。イギリスでは国立公文書館や、他の図書館で多くを得ることができた。たとえば、イギリス・バプティスト宣教師協会は、一八九〇年代初頭のコンゴで布教活動をしており、宣教師たちは、自分たちが直面した問題や、かれらに会いにきた人についてまで、ロンドンの事務所に詳細な報告を送っていた。その馴染みの訪問者の一人がウィリアムズだったのである。彼がレオポルド国王に公開書簡を書く前に、バプティスト宣教師協会はウィリアムズが国王の政策についてどう思っていたかを知っていた。この宣教師たちの報告はロンドンにある協会の図書館に保存されている。

ベルギー君主を初めて公けに批判したウィリアムズの公開書簡は、ブリュッセルで大きな波紋を呼び起こした。レオポルド国王の政策を賞賛するため、ベルギー議会は特別会期を設け、国王を批判するという蛮勇を犯したウィリアムズのことを間接的に非難したのだ。この時期のウィリアムズについて研究を進めていくうちに、私は、ブリュッセルでの事態の進展を把握するには、ワシントンでもブリュッセル(ブリュッセルの合衆国公使は、この件については何も知らされていなかった)でもなく、ロンドンに目を向けるのが最適だと気がついた。イギリスの駐ベルギー公使、ヴィヴィアン卿は、この事態の成りゆきを間近で見守っており、詳細な報告をほとんど毎日のようにロンドンに送っていたのだ。彼の報告からは、ブリュッセルの状況だけでなく、レオポルド国王の政策にたいするヴィヴィアン卿自身の考えについても多くの知識が得られた。

それでも、ウィリアムズがどうやってコンゴに行ったのか、誰が旅費を払ったのか、どのような日々を送ったのか、何故、彼がコンゴ鉄道についての報告を送ったのか、これらについて、私は今だに知ることができずにいた。何年ものあいだ、私はこれらの疑問に頭を悩ませ、一九四五年にスローターが持って行ってもよいと言った、例のウィリアムズの日記を、何故あの時に持ち帰らなかったのかと自分を責めた。その後、ある日のことだが、私はこの不運のつきまとう日記に書かれていた一文をふと思い出した。その文とは、「今日、私はハンティントン氏に手紙を書いた」といったようなものであった。おそらく、これはサザン・パシフィック鉄道の社長、コリス・P・ハンティントンにちがいない。彼ならば、コンゴの鉄道に興味をもっていたかもしれないのだ。彼がハンプトン大学の理事であり、アフリカに関心があったことも、私は知っていた。そこで、私はハンティントン図書館、スタンフォード大学図書館、ノーフォーク博物館、シラキュース大学に散在するハンティントンの資料コレクションについて尋ねてみた。これらの場所からは、役に立ちそうな情報は得られなかったが、シラキュース大学では、失望したと思ったことが、ひとつのきっかけになった。シラキュース大のスタッフによれば、かれらが保持しているハンティントンに関するコレクションは、量が膨大なために、かれら自身も中身をよく知らず、それらを分類してカタログ化するには何年もかかるだろうというのである。

二、三年後、私はシラキュースの近くに寄った時に、同大学のエアレンツ研究図書館を訪ねてみることにした。そこの図書館員は親切な人たちだったが、以前私に書いたように資料が未整理だと念を押した。それでも、手紙の類は年毎に分類されていたので、私は一八九〇年一月から順番に目を通していくことにした。一八九〇年の最初の三日間だけで、コリス・P・ハンティントンが受け取った手紙は箱にして五、六箱はあったにちがいない。それらは、鉄道の無料パスを出してくれとの依頼や、すでに入手した無料パスの期限延長を懇願するといったような、さまざまな人からの手紙であった。これらは、ハンティントン宛ての手紙だったが、私は、ハンティントンが出した手紙の中から、同年一月七日に彼がベルギーにいたジョージ・W・ウィリアムズ宛てに書いた手紙を見つけた。そして、その中の二、三の文から、私は知りたかったことのすべてを知ることができたのだ。そこには、こう書かれていた。「ロンドン・ウェストミンスター銀行の一〇〇ドル小切手を同封しました。あなたにとって新しい仕事がうまくいくよう祈るとともに、コンゴという国についてのあなたの感想を、最初の手紙で教えてくれることを楽しみに待っています。」しかし、ハンティントンは、ウィリアムズのコンゴ到着を待たずして、彼からの報告を受け取った。ウィリアムズは、早くもカナリー諸島から手紙を書き始め、ほぼ一年後にエジプトを経てイギリスに行くまでの期間、まるで日記を書くようにハンティントンへ手紙を書き続けたのだ。この時点で、私は、スローターが紛失したと思われる、あの日記はもう必要ないと思うようになった。

ウィリアムズが、見取る親類もないまま、国外で息を引きとったという事実は、皮肉にも、後世の者には手がかりを残すことになった。ロンドンからの指示で、リバプールの合衆国領事がウィリアムズの死亡した地ブラックプールに赴き、諸事万端をとりしきった。領事は、ウィリアムズの財産目録を作り、葬儀や遺体の安置をとりもち、首都ワシントンにいるウィリアムズ夫人には、夫が残したアフリカの道中日記のノート三冊を含む、いくつかの遺品を送った。また、領事は合衆国国務長官に日毎に報告をしており、その報告によって、たとえば、ウィリアムズがイギリス女性と婚約していたというようなことを、私は知ることができた。話によれば、ウィリアムズがこの女性、アリス・フライヤーに会ったのは、一八九一年の春にエジプトからイギリスへ渡る途中だったという。このことを私が事実として確認したのは、一九八三年一一月にイギリスの国立公文書館で、S・Sゴルコンダ号の乗客名簿を見つけた時だった。その名簿にはフライヤーがインドのマドラスで乗船し、ウィリアムズはイスマイリアで乗船したとある。

一九七五年、私は妻と一緒にイギリスに行った時、ウィリアムズの人生最後の日々について何か知ることができるかどうか、ブラックプールに行ってみることにした。ブラックプールに着いた日の翌朝、私は市庁舎に行き、ブラックプール市観光局のアラン・ブライアント氏に会った。私は、彼にウィリアムズのことを話し、ウィリアムズがブラックプールで逝去するに至った経緯を聞かせた。ブライアント氏は大きな関心を寄せてくれたが、人気のあるリゾート地として知られるブラックプールでウィリアムズが死亡したのは残念なことであるとも言った。それでも、彼はできるだけのことをしてくれた。ブライアント氏が地元の新聞社に連絡をした結果、記者が来て私にインタヴューをしたいというだけでなく、一八九一年八月の新聞を読めるように、私を新聞社まで連れて行ってくれたのだ。

このようにして、われわれが実りのある会話をしている最中、私は、ふとウィリアムズはこの近くに埋葬されたのではないかと口に出してみた。すると、五分も経たないうちに、ブライアント氏の秘書が、次のような情報をもってきた。ウィリアムズの葬儀は、一八九一年八月五日に、広場の向かいにある地元のバプティスト教会で行なわれ、サミュエル・ペリング牧師が葬儀を司った。そして、ウィリアムズの遺体は、町の広場から一マイルのところにあるレイトン墓地のF区画の一二三番に埋葬された。

その日は、私が初めてウィリアムズのことを知ってから、ちょうど三〇年目にあたる日だった。午後二時三〇分、二人の新聞記者とカメラマン、墓地の管理人、そして妻と私は、彼の墓まで葬儀の行列を行なった。そして、私は、本当に長いあいだ自分が追い続けてきた、この人物の無標の墓に花輪を捧げた。その墓も、今はもう無標ではない。ウィリアムズは、現在、「ジョージ・ワシントン・ウィリアムズ——黒人歴史家、一八四九—一八九一」と刻まれた、黒い御影石の下に眠っている。

ジョージ・ワシントン・ウィリアムズを追い続けてきた今までの時間は、どれをとっても、私には価値のあるものである。それは、たんに物事を探り当てるという楽しみがあったからだけではない。この探索の価値は、素晴らしい業績を残した一人のアメリカ人に光を当てたことにもあるのだ。

第九章

アメリカ黒人史の学問的発展について

どの時代の人びとにも自分たちの歴史を書く機会はあり、実際、それを書く義務があると言ってもよい。人は歴史を書くことによってのみ、同時代に生きる他の人びとに、現在を理解し未来に対処する方策を考えるのに不可欠な材料を与えることができるのだ。また、人は歴史を書くことによってのみ、過去に積み上げられてきた知識と知恵を、後世の人びとに伝えることができるのだ。結局のところ、その知識と知恵こそが、文明の継続に必要な方向性と本質を与えるものなのであろう。

私の分析によれば、アメリカ黒人史の研究には四つの時期区分――それぞれの時期の長さは均等ではない――が今までにある。第一期は一八八二年のジョージ・ワシントン・ウィリアムズによる二巻本、『アメリカにおける黒人の歴史』の出版によって幸先よく始まり、ブッカー・T・

ワシントンの『黒人の物語』が出版された一九〇九年頃に終わった。黒人史の分野での真剣な学問研究が築き上げられた、この第一期の特徴を一言でまとめるのは難しいが、この時代の研究者の主な関心は、アメリカ黒人が合衆国の諸状況にいかに適応したかという過程を説明することにあったと言ってよいだろう。ジョージ・ワシントン・ウィリアムズの積極的な人種統合主義であれ、ブッカー・T・ワシントンの穏健な協調主義であれ、かれらの主目的は国家の歴史の中でアメリカ黒人が果たしてきた役割を明確に描き出すことであった。過去を見るかれらの見方は、それぞれ異なっており、歴史叙述の方法も決して一様ではなかったが、かれらは、自分たちの才能と訓練が許す限りの方法でアメリカ黒人史の叙事詩を描いたのだ。そのために、かれらは最善を尽くし、その成果も素晴らしいものであった。

この第一世代の研究者の中には、短期間だが歴史研究の分野にかかわっていたW・E・B・デュボイスを除いて、訓練を積んだ職業的な歴史家はいなかった。デュボイスは、歴史学、社会学、人類学、政治学、教育学、文学の各分野をわたり歩き、アメリカ黒人研究という広範囲な分野で、真に優れた研究者と呼ばれる数少ない一人になった。また、デュボイスをひとつの時期に押し込めてしまうことは不可能である。彼の人生は三つの時期にまたがり、それぞれの世代に貢献をしたのだ。第一期に属する他の研究者たちも、有能で勤勉で問題関心も明確であった。かれらは、学問としての歴史学に固執するよりも、むしろ人間の生きる目的を重視するような歴史家だった。

そして、かれらは、昔から現在に至るまでのアメリカ黒人の像を全体的にとらえ、まるで絵のようにさえ描写したのだ。「黒人の進歩」「新しい世紀における新しい黒人」「アメリカ黒人のすばらしい進歩」などが、かれらの著したものである。その中の一人が、南北戦争後のアメリカ黒人について語っている。「知力も限られ、得ることのできる知識も限られていたような状況下で、かれらの踏み出した一歩は非常に小さなものだった。……かれらは、それ以来、年毎に、少しずつではあるがさまざまな蓄えをしてきた。その結果、今かれらが所有する資産をみてもわかるように、この長年の蓄積によって教会が建ち、学校が建設され、教師や牧師の給料が払われ、家庭や家庭生活が大幅に改善されたのだ。」白人世界の中で生きることを強制されたアメリカ黒人が、そこに適応し順応し適合していた点に、第一世代の関心があったことは明白であろう。

黒人史研究の第二期は、一九一五年のデュボイスによる『黒人』の出版、同年のアメリカ黒人の生活・歴史研究協会の設立、一九一六年の雑誌『黒人史ジャーナル』の創刊、そして一九二三年のカーター・G・ウッドソンによる『アメリカ史の中の黒人』の出版までは、とくに目立った動きはなかった。この時期の卓越した人物といえばウッドソンであろう。彼は代表的な歴史家であるだけでなく、前述の協会の創設者の中心人物でもあり、『黒人史ジャーナル』の編集者であり、アソシエイテッド出版社の専務理事でもあった。ウッドソンは自分のまわりに高度な訓練を積んだ若い歴史家を集め、かれらの研究を指導しながら、かれらの書いたものを『黒人史ジャーナル』に掲載したり、アソシエイテッド出版社から出版したりした。労働、教育、再建期、美術、音楽の他にも、アメリカ黒人のさまざまな生活の側面を扱った論文が次々と着実に世に出され、アメリカ黒人の果たした役割、より具体的に言えば、合衆国の発展にたいするかれらの貢献を、社会全体により広く知らしめた。これらの論文や単行本には、徹底した調査に基いて真実を追求する大きな熱意が反映されていたが、その真実とは、それまでわが国の大学のセミナーで生み出されていた、科学的と銘打っただけの歴史叙述が求めていたものとは異なっていた。

ウッドソンは、知的な意味でも実際の活動においても、第二世代の指導的人物であった。彼は、黒人史のために献身しようと固く決意し、開拓者や発見者のもつ精神と熱意をみなに分け与えたのだ。また、ウッドソンは黒人史における当時の最も重要なテーマを明言さえしている。それは、彼が著作の中で述べ、機会あるごとに発言していたことだが、自分と仲間の歴史家の目的が、「人類全体の思想の中で黒人という人種が無視される要素にならないために、黒人の残した記録を保存し出版すること」にあるということだ。ウッドソンは、また、アメリカ黒人の記録が黒人自身の思想の中でも無視されてはならないと主張した。そして、黒人自身と広く一般の社会のためにも、彼は黒人の歴史を残すためにできる限りのことを始めたのだ。たとえば、アメリカ黒人の生活・歴史研究協会の年次大会では、小学校や中・高等学校でのアメリカ黒人史の教え方に関して、毎回いくつかの部会がもたれた。一九二六年からはウッドソンは、黒人史週間なる期間を設けて、アメリカ黒人が自らの役割にたいして意識を高め、さらに黒人がいかにアメリカ文明に貢献してきたかについて他の人びとの関心をも高めるために、毎年この期間を祝った。その後まもなく、彼は学生、教師、一般読者を対象にした雑誌、『黒人史ビュレティン』を発刊した。わが国で「歴史の日」が制定される四〇年も前に、黒人史週間があったのだ。ちなみに、『黒人史ビュレティン』が発刊されてから半世紀後、アメリカ歴史学協会では、今だに、学生や一般読者向けの大衆的な歴史雑誌を創刊するかどうかで議論をしている状態にあった。

黒人史研究の第二期はウッドソンが死去した一九五〇年より少し前に終わったと言える。おそらく、第三期の始まりを告げるのに相応しい出来事は、一九三五年のW・E・B・デュボイスによる『黒人による再建』の出版であろう。たしかに、デュボイスは前年に全国黒人向上協会を去った時点で、すでに人種統合を目指す運動からはかなりの距離をおいていたが、『黒人による再建』には一九三四年と一九三五年の彼の一連の著作を特徴づける分離主義的な意識はほとんどみられない。再建に関するこの著作での彼の関心は、その副題が示すように、「アメリカの民主主義を再建する試みの中で黒人たちが果たした役割」にあった。さらに、デュボイスは、この民主主義再建の試みの中で、両人種が協力して同じ目的を追求し、ともに投票し、同じ候補者を支持したことに長所を見い出した。この本は、四〇年前の一八九六年に出された彼の著作『アフリカ奴隷貿易の禁止』ほどの学問的水準に達していなかったにしろ、最も鋭い洞察力をもった歴史家でさえもめったに到達できないような水準で、独自の解釈を打ち出したのだ。

黒人史研究の第三期はおおまかに言って二五年間にわたり、一九六〇年代の末に終わった。この時期の学者のほとんどは、デュボイスのように、アメリカ黒人が合衆国の歴史の中でどのような役割を果たしたかという問題に関心を抱いていた。かれらの歴史家としての訓練は第二世代とほぼ同じであったが、関心の対象は異なっていた。かれらは、黒人が達成したことよりも、黒人と白人の相互関係に注目し、両人種が真に協力をしたという稀な例ではなく、過去において頻繁にみられた両人種の敵対関係にその目を向けた。かれらはアメリカ黒人史を大きな流れの中に位置づけ、たとえ黒人が直接に関与しなかった出来事でも、黒人がその影響を受けたのであれば、それは黒人史の一部なのだと主張した。たとえば、ミシシッピ選出の上院議員セオドア・ビルボが、黒人の歴史家レイフォード・ローガンによる一九四四年の著書『黒人が要求するもの』を同僚の議員たちに読んで聞かせ、それを自分たち白人に都合のよいように解釈したという事実は、かれらの主張によれば、ハーマン・スエットという黒人学生が白人の入学しか認めなかったテキサス大学法学部への入学を求めた件と全く同じように、アメリカ黒人史の一部なのである。

この第三世代は、第二次世界大戦の地獄の業火を経験した世代である。しかし、かれらが味わった苦境はアドルフ・ヒットラーによって創り出されたものではなく、自国の政府内に、そしてアメリカ社会一般の中にある人種偏見によって生みだされたものだった。全世界に蔓延する人種主義に反対するという、美辞麗句で飾られてはいるが空虚な宣言を、アメリカ政府や社会から聞かされるという形で、アメリカ黒人は、みな、特殊で倒錯した人種主義を目のあたりにしたわけだが、とくに黒人歴史家は、植民地時代から第二次大戦に至るまで合衆国に絶えず存在したこのような偽善性にたいして敏感であった。かれらが受けた人種差別や人種的な屈辱について研究し、その結果について平静を装うができなかったのも、無理はないだろう。ある歴史家は、合衆国政府には「白人優越主義の理想なるものに迎合した罪がある」と述べた。また、別の黒人歴史家は、合衆国にたいして「民主主義という未完の事業に取りかかる」ことを要求し、「その時機はとっくに過ぎている」と迫っている。もし、この時期の黒人歴史家たちが苛立たしさと怒りを抱いていたことに疑いをはさむ者がいるならば、そのような人はアメリカ黒人の生活・歴史研究協会の年次大会の議事録を読むか、かれら歴史家たちの活動を追ってみるとよいだろう。

この第三期で重要な特徴をひとつ挙げると、黒人史の分野で研究に携わる白人歴史家が増えたことである。これよりも以前、第二世代の歴史家は、黒人史には研究されるべき領域が多く残っていることを指摘していた。白人歴史家たちは、これをともに実践すべく黒人史の分野に入ってきたのだ。そのうちの一人によって、ほぼ四〇年ぶりに奴隷制度に関する綿密な研究が出版され、別の歴史家は奴隷制廃止運動についての詳細な研究を発表した。さらには、一九世紀後半の黒人の思想を批評する研究が、また別の歴史家によって出された。興味深いのは、これらの白人歴史家にたいして嫌悪感を抱く他の白人批評家たちが、かれらを「新奴隷制廃止論者」と呼んでいることだ。それはさておき、そのほかにも南北戦争前の北部の黒人、アメリカ黒人の思想史、教育における人種差別、都市における黒人などについての研究が、白人歴史家によってなされた。一方、大学の教師たちは、黒人学生だけでなく白人学生にたいしても博士論文のテーマに黒人史に関するものを設定させるようになった。また、アメリカ黒人の生活・歴史研究協会の年次大会には白人も参加するようになり、雑誌『黒人史ジャーナル』には白人も投稿するようになった。このようにして、一九六〇年代の末には、黒人史は黒人歴史家が独占する分野ではなくなっていた。

第三世代の時期になって、白人歴史家が黒人史研究に関与するようになったことを、カーター・G・ウッドソンは喜んだであろう、と私は思う。ウッドソンが一九一六年に『黒人史ジャーナル』を創刊した時、彼は白人にたいして編集委員に加わったり論文を投稿するよう要請していたのだ。だからといって、学問的関心からではなく、何らかの政治的な意図をもって、この時期に黒人史の分野に入ってきた白人歴史家を、ウッドソンが黙認したり、ましてや是認しただろうなどとは、私は決して思わない。ウッドソンは、鋭い洞察力をもった人間だったのだ。しかし、かりにそうだとしても、ウッドソンは『黒人史ジャーナル』への投稿論文を、たとえ著者が白人であろうと黒人であろうと、それが厳密な学問性を有し人種偏見という毒素に汚染されていなければ歓迎したであろう。一九四〇年からウッドソンが死亡した一九五〇年までのあいだ、私は毎年彼とともに多くの時間を費やし、彼のことをよく知るようになった。一九六〇年代にアメリカ黒人の生活・歴史研究協会で白人歴史家の活動参加を許すか否かでもめ事が起きたが、ウッドソンがもしそれを見たならば非常に憤ったであろう。人間は人種や肌の色によってではなく、その人の成し遂げたことによって判断されるべきだと、彼は常に主張していたからである。

一九七〇年頃に始まった第四期には、おそらく今までで最もよく訓練され、またその人数も多い黒人史研究者の一団があらわれた。これに属する黒人歴史家は、白人と同様、全米に散在する主要な大学院で訓練された人びとで、東部や中西部にある三、四の限られた大学でのみ訓練を受けた第三世代とは対照的であった。この第四世代の歴史家の研究関心からはずれた領域は、なかったと言ってよいだろう。かれらの研究対象である時代は、植民地時代、再建期、そして二〇世紀にまでおよび、扱うテーマには奴隷制度、アメリカ黒人の家族、南北戦争前の自由黒人などがあった。かれらの守備範囲は広く、その中でも、とりわけ教育、文化、軍事的問題に目が向けられた。

この時期にみられる、アメリカ黒人史への関心の高まりやさまざまな新しいアプローチの方法は、第三期にすでに始まっていた人種平等を求める運動によって刺激されたものである。社会のあらゆる側面で平等に扱われるべきだと黒人たちは主張し、その論拠としてかれらは合衆国の歴史を取り上げたのだ。黒人は当初からここに存在し、この国を大きく豊かに発展させるために、やるべき事以上のことをやってきた、とかれらは主張する。この主張は歴史によって裏づけることができるので、国民全体がアメリカ黒人史について知ることこそが重要であった。したがって、黒人史がさらに深く研究され、より広い領域にわたって著述がなされ、もっと熱心に教えられるべきだと考えられた。また、高等教育機関には黒人史やそれに関する分野のコースを加え、そのために専門家を雇うように圧力がかけられた。この圧力にたいする反応はさまざまであったといえる。たとえば、白人学生がほぼ全体を占めるある有名大学の学長は、アメリカ黒人史の講義を設けることには反対しないが、教師や学生が一学期間のすべてを使うほど、この分野には扱うべき問題はないと述べた。また、ある学長は大学の近くに住んでいる黒人指導者たちのところに飛んで行き、その一人であるバプティスト派の牧師に黒人史を教えてくれるかと要請した。黒人史を教えるか否かについて、かれらの決断は思想的、教育的、政治的な考慮によっていろいろな影響を受けたが、それでも、多くの大学ではカリキュラムの中にアメリカ黒人史が組み込まれていった。

しかし、大学の経営陣や理事たちが、黒人史を取り上げることだけに熱中したことで、今度は高い学術的水準を保つということが、おろそかになってしまった。黒人史の授業にたいする学生の要求が高まれば高まるほど、大学理事たちは、有能な教師陣が教える高水準の授業カリキュラムを維持することよりも、まずは学生の要求を満たすことに熱心になった。その結果、自分が教えていることに関する知識もなかったり、一学期間すべてを使うほど黒人史には扱うテーマがないという学長たちの意見に同意するような教師が、黒人史の授業を受け持つようになってしまったのである。

このような状況下で、アメリカ黒人史がさらに一歩高い水準へと到達したことはまさに驚異であった。たしかに、黒人史を教えていた人びとは研究活動をせず、本や論文も書こうとしないので、この分野に疑念を抱く学長連を満足させるに必要なことをしていないという意見もあった。そして、ある程度それは真実である。しかし、このことは、たとえば、外交史、文化史、思想史、経済史の分野でも同じだった。知識を創造する者よりも、それを伝達する者の方が多いのは、すべての分野において常であり、このこと自体が根本的に間違っているとは、私は思わない。ものを教え、かつ研究や著述もするわれわれは、このような二重の活動こそが知的に健全であると考えがちだが、これはひとつの見解にすぎない。アメリカ黒人史で注目すべき点は、本や論文を書かない教師が多いということではなく、逆に書いた教師がいかに多かったかということだ。

おそらく、この分野の学者は黒人史にはあまりにも再解釈の必要性が大きいことを感じ、それが理由で研究や著述に携わったものが多かったのだろう。かれらの書き著したものに、熱意や、ときには情熱すら感じられたのは、かれらが今までの歴史家が犯してきた誤りや誤解釈を訂正しようと熱望していたからだ。このようにして、かれらは以前の人種主義的な歴史家の解釈だけでなく、前の世代に属する黒人歴史家の解釈をも再吟味したのである。そして、評価する側の黒人歴史家自身が評価の対象である前世代の黒人歴史家の研究に多くを負っていたが、だからといって、人が予想するようにその評価の仕方にひいき目や温情、ましてや恩に報いなければといった気持ちが常にあったわけではない。しかし、こうしたことはそれほど重要ではないだろう。何故なら、この第四世代の黒人歴史家による研究は最も水準が高く、アメリカ黒人史研究の分野に大きな貢献をしたのだから。実際、かれらは素晴らしい業績を頻繁にあげたので、悲しみで顔が曇るというより、むしろ、誇り高く胸を張って顔を紅潮させることができるのである。

そうはいっても、かれらが出す書物の中には、拡大するこの分野の市場を利用しようという出版社に乗せられたものもあった。出版社の代理人や編集者にせかされて、とにかく速く書き上げたというのが唯一の利点であるような研究を出版した学者もいた。また、時間がかかって、このような「インスタント」本を作れない場合は、出版社は何人かの学者に声をかけて他人の研究をいくつかまとめた編纂書を出そうとした。このような編纂書のなかには、この分野の著名な学者による最良の研究を集めたという点で役に立つものもあった。しかし、なかには、金もうけを考えたがために、いかに学者自身やその研究内容が堕落させられてしまうかを示す絶好の例となるようなものもあったのだ。編纂書といっても、その多くは文字通りたんなる寄せ集めであり、編集や構成はまるで考慮されず、序文もなく、それぞれの研究の連関性や全体的な解釈もないようなものだった。このような書物にたいして、ただ一つ言えることは、学問分野における誠実さを、質的にも量的にも、いかに傷つけているかという点では、みな同じということだ。書物だけでなく、教師の中にも同じくらい劣悪な者もいたし、もっとひどい者もいたのである。一九七〇年代前半、アメリカ黒人史の「権威」とされていたある教師が多額の給料を提示されて他校に移り、それまで勤めていた西部の著名なある大学には電報でそれを知らせただけということがあったのを思い出す。おそらく、もっと数多くいたのは「インスタント」教授で、黒人であれ白人であれ、この分野に押し寄せてきて名声と金を素早く手に入れようとしていた人びとだ。残念なことに、この分野では大学の経営者はいかさま師を見つけ出す能力を他の分野ほど発揮できなかった。このようなわけで、動機も卑しく能力はさらに乏しいという「権威者」によって、黒人史はしばしば被害を被ったのだ。

ここで、黒人史研究における欠点や、個々の学者の性格にこれ以上触れるのは適当ではない。そのようなことは、われわれがこの問題をどのように解決したいと言わずとも、結局は時間が解決してくれる。それよりも、われわれは歴史家として前世紀からの教訓を学び、前の世代が提示した問題をこの世代が改善できるよう、この教訓を生かすことによって、現在だけでなく将来のためにいっそうの貢献ができるのである。

ジョージ・ワシントン・ウィリアムズは、一八八二年の自著『アメリカにおける黒人の歴史』

の中で、フレデリック・ダグラスが南北戦争前に奴隷制度や自由の問題について立場を変えたことを厳しく非難している。このことについて、ウィリアムズと同時代に生きる者がそうしたように、われわれもウィリアムズを批判することはできる。しかし、解放された黒人だけでなく、かれらの代表でもあったフレデリック・ダグラスをも裏切り続けてきた政党にたいして、ウィリアムズの忍耐が限界に来ていたことを、われわれは批判をする前にまず理解するべきだ。同様にして、カーター・G・ウッドソンのことを、アメリカ黒人が成し遂げたことばかりに注目しているとして厳しく批判することも可能だが、ウッドソンは、アメリカ黒人は何もしてこなかったと主張する者にたいして歴史の斧を振るっていたことを念頭におかなければならない。また、第三期の歴史家にたいしては、われわれは、かれらが白人を中心とするいわゆる「主流の歴史」にとらわれすぎていたと非難することもできる。実際にかれらを非難した人びとの中には、人種の誇りや文化的ナショナリズムといったような、アメリカ黒人の生活と歴史に常に結びついてきた特質を、かれらが無視したと主張する者もあった。このような非難は、かれらが合衆国の歴史の主流にアメリカ黒人史を統合させるために闘わなければならない状況にあったという重要な事実を見逃しているのだ。黒人史を歴史の主流に統合させる闘いは、同時に、南部やその他の地域にある白人大学の歴史学部大学院に入学しようとする黒人学生の闘いの一部であった。また、それは、投票権、平等な扱い、機会均等、アメリカ市民としての権利を求める闘いなど、つまり、黒人たちがアメリカ社会の主流へ入っていくための闘いの一部でもあったのだ。結局、第三世代の歴史家たちは、非難の対象になる「愛すべき」学長たちのようにアメリカ黒人には歴史などほとんどないと主張する連中を否定するために、あのような手段をとったのだ。もうひとつ理由を言えば、かれらは黒人史が合衆国の歴史の中心――あるいは合衆国史に美しさを添えるものと言ってよいだろうか――であると認識されるべきだという主張を支持したかったのだ。

黒人歴史家のある一世代にたいして、それに続く世代が酷評したり非難することがあるが、かれらはもっと建設的なことをすべきである。より良い訓練を受け、コミュニケーションの手段も発達しているのだから、かれらは、たとえば、黒人奴隷たちが仮病を使ったり、故意に仕事の手を抜いたりしたことについて、われわれが知っている以上の知識を与えてくれるよう努力するべきであろう。あるいは、歴史上重要であるにもかかわらず、時の流れとともに無視され、認知されることなく忘れられてしまいそうなアメリカ黒人が何百人といるが、かれらは、これらの人物について完全な伝記とは言わずとも、簡単な人物像について書くべきだ。さらには、人間の尊厳を確立させようと努力しているこの国で、黒人には尊厳がないから尊敬に値しないという考えが、その歴史を通していかにして維持されてきたか、かれらはこの点について、われわれの理解を助けてくれるよう努力してもよいだろう。トマス・ジェファソンも黒人をオランウータンにたとえたりすることで、このような考えを支持していたのだ。アメリカ黒人史の第四世代の歴史家の中にも、概して黒人奴隷は自分のおかれた状況に満足していただけでなく、プロテスタント的な労働倫理観をも内面に抱いており、自分がやらされる仕事にたいして使命感のようなものをもっていたと主張する者がいるが、かれらも結果的には黒人には尊厳がないと言っているようなものだ。いかなる分野であれ、知的な作業をするさいに真実の探求を妨害するこのような考えは、それが一八世紀からあろうが二〇世紀も残り二五年になって出現したものだろうが、全く必要のないものである。

今まで述べてきたようなことは、少なくとも、アメリカ黒人史を教えるさいには非常に重要な意味合いをもっている。比較的新しい分野であり、ごく最近になって知的努力にふさわしい一分野として認知されたアメリカ黒人史は、活気と精気に満ちているのだ。だからこそ、数多くの大学院生と学部生を容易に触発し、かれらの関心を引きつけることができるのだ。さらに、アメリカ黒人史はある重要な枠組をわれわれに提供してくれる。その枠組とは、合衆国の歴史に関して教えられるべきことや研究されるべきことの多くを包括するものなのである。また、合衆国史の再評価や書き直しにつながるような、重要な枠組をも提供してくれるのだ。知的探求の最新でユニークな一分野として、黒人史は合衆国の歴史上の難問を解く新しい手がかりを真剣に探している者の関心を引くのである。もし、黒人史が知的探求のうえで有効な分野であるならば、この分野が性や宗教や人種によって隔離されるようなことがあってはならない。歴史家はその人の見かけではなく何をしたかで評価されるべきなのだ。

わたしは、国内の大学でアメリカ黒人史を教える職が増えたのは、たんなる日和見主義の結果ではないと思いたい。黒人史を教えたり学ぶ機会が増えたのは、一九六〇年代後半のあの時代の興奮によるものだけではないとも思いたい。さらに、ほかにもいろいろ要因はあるだろうが、ある集団に関する歴史研究の発展は、そこに属する人々の、確固たる市民権を獲得したいという要求と密接に結びついていると、私は思いたい。失われ迷ってしまったかれらの歴史を探求するさいには、歴史教師や研究者として、黒人だけでなく白人も参加することができるし、実際に参加してきた。市民権獲得のための運動は、直接的にその権利を奪われてきた者か、あるいはそのような権利の否定がどのような邪悪なものかを真に理解する者にとってのみ利益があるのだ。

第四世代の歴史家の中には、このような考えは楽観的で感傷的だという者がまぎれもなくいるだろう。じじつ、この考えには楽観や感傷が含まれることを、私が真っ先に認める。しかし、つけ加えるならば、人は詩や賛美歌や短編小説、あるいは歴史でさえも、それを書き始めるという時、それが完成した時のこと、また、それが何を語るのかについて楽観的にならざるを得ない。もし、人が自分の語る言葉や他人の言葉に秘められた力を信じるならば、その言葉を口に出したり書き表したりすることで、世の中は、さらに良くなるという希望や信念をもつべきなのだ。

監訳者あとがき
ジョン・ホープ・フランクリン教授の人と思想を中心に

本書は、著者の序文にもみられるように、同じ書名のフランクリン教授の最近作 John Hope Franklin, *Race and History: Selected Essays, 1938-1988* (Louisiana State University Press, 1989) の全訳ではない。

三年前に出版されたこの書物(原書)は、読者も副題から推察できるであろうが、多少、補足説明を加えておくと、それは教授がまだハーヴァード大学大学院の学生だった二三歳の一九三八年に、『ニューイングランド・クォータリー』に掲載されたエドワード・ベラミーに関する論文 "Edward Bellamy and the Nationalist Movement" から、七三歳の一九八八年にアメリカ学術協会評議会(American Council of Learned Societies)の集まりで、その初代会長の名を冠した「チャールズ・ホーマー・ハスキンス・レクチャー」として、黒人に生まれ育った著者が人種差別を経験しながら歴史家になっていった自己形成過程を淡々と述べた講演 "John Hope Franklin: A Life of

Learning" に至るまで、半世紀の長きにわたって彼が公表した膨大な数の論文や講演の中から、彼自身が二七篇を選び出し、これを、I 職業としての歴史学、II 歴史学の実践、III 偉大さと凡庸、IV 公共の利益のために、V 指導者の役割、という五部構成に編集して一書にまとめた四五〇ページにおよぶ歴史論集である。

私は、フランクリン教授から、出版後まもなく書物を頂戴して一読した時から、そこに貫き流れている彼の歴史意識と学問的営為の真髄を、アメリカ史に限らず広く歴史に関心をもつわが国の読者に、是非、知ってもらいたいと思っていた。たまたま、一昨年の夏の終わり頃、ノースカロライナ州ダーラムの郊外にある、樹々の緑におおわれた閑静な彼の家で、しばらくぶりに楽しい数日を過ごした時、全訳は無理だとしても、せめて原書の概要でも日本の読者に紹介したいとの気持ちをつたえたところ、彼は即座に私の提案に快く同意してくれた。

こうして、著者とも相談のうえ、アメリカ史の専門研究者より、むしろ歴史を愛好する一般読者を対象にして、この書物の中から右の目的に最もふさわしいとおもわれる九篇を精選し、分量的には原書を約三分の一に縮小再編したものを訳出したのが、本書すなわちこの日本語版『人種と歴史』である。

本書の序文は、原書所収のものではなく、今回のわが国での出版にさいし、著者にお願いして新たに書いてもらった。章立ては、それぞれの論文の発表年順に配列した(第一章 一九六〇年、

第二章 一九六三年、第三章 一九六五年、第四章 一九七一年、第五章 一九七二年、第六章 一九七五年、第七章 一九七九年、第八章 一九八五年、第九章 一九八六年)。したがって、読者は自分の関心に応じて、どこからでも読み始めることができる。なお、各論文中に添えられている原注は、ほとんどが出典を示すもので一般読者には煩瑣にすぎるのですべて割愛したが、内容を理解するのに最小限必要とおもわれる箇所には、〔 〕もしくは*印で訳注を付した。

翻訳は、なんらかの形で、直接、著者に教えを受けたことがある四人の学徒によって行なわれた。各人の分担は、次の通りである(五十音順)。

第五章・第七章、佐々木孝弘(千葉大学)。
第一章・第八章・第九章、中條献(桜美林大学)。
第三章・第六章、辻内鏡人(一橋大学)。
序　文・第二章・第四章、中村(笹本)雅子(桜美林大学)。
私自身は、訳文の全体的統一と調整をしたにすぎない。

著者のフランクリン教授は、わが国のアメリカ史研究者のあいだでも、つとにその名を知られている「今日のアメリカにおける黒人歴史家の長老」*であるが、読者が本書をよりよく理解するための一助として、ここに彼の生いたち、歴史家としての歩み、学風や人柄などについて断片的に述べておく。

＊ アーサー・M・シュレージンガーJr.著、都留重人監訳『アメリカの分裂』、岩波書店、一九九二年、一一六ページ。ついでに記しておけば、この本の著者の父で、アメリカ史学界の先駆的存在だった同名のアーサー・M・シュレージンガーSr.(一八八八—一九六五年)は、フランクリンがハーヴァード大学大学院歴史学科の学生時代に教えを受けた教授の一人である。

教授の父方の祖父デイヴィッド・バーニーは、奴隷制末期、のちにオクラホマ州になったインディアン保留地——この地域が州になったのは一九〇七年である——に住んでいたが、南北戦争中に奴隷制度のくびきから脱して逃亡し、連邦軍に参加して南部連合軍と戦った。彼は、内戦が北部の勝利に帰して奴隷制度が廃止されたあと、自由になった多くの黒人がワシントン、ジェファソン、リンカンなどアメリカ史上の「偉人たち」の名にちなんで名字を改めたように、インディアンとの混血女性と結婚してからは、以前のバーニーに代えてフランクリンという姓を名乗った。その後、彼は連邦政府から譲渡されたこの地の農場に定住した。

一八七九年に、そこで生まれた父バック・コルバート・フランクリンは、オクラホマ州のドーズ・アカデミーを卒業後、テネシー州ナシュヴィルにあるロジャー・ウィリアムズ大学に進学して法律の勉学にいそしんだ。奴隷制時代には、ヴァージニア州にいた母方の先祖は、いつの頃かテネシー州西部に移り住み、父バックより一年早く一八七八年に生まれた母モーリー・リー・パーカーも、同じ大学で教員になるための勉強に励んでいた。この若い二人はここで知り合い、卒業後、一九〇三年にミシシッピ州マウンド・バイユーで結婚した。

一九〇八年に、バックは弁護士資格を得て、オクラホマ州アードモアで弁護士業を始めたが、その後しばらくして白人判事から「黒人は如何なる人の弁護もすることはできない」と言われて法廷を追われる事件があったのち、一九一二年にアードモアから同じ州内のレンティースヴィルにやって来た。父バックと母モーリーのあいだには、すでに長女と長男の二人の子どもがいたが、ここに来た翌年に次女をもうけた。

ついで、二年後の一九一五年一月二日、末の男の子がここレンティースヴィルで生まれた時、両親は躊躇なくこの子をジョン・ホープと名づけた。この名前は、のちにアトランタ大学の創設者で学長にもなった著名な黒人教育家で、かれらがロジャー・ウィリアムズ大学の学生時代に教えを受けて以来、ずっと敬愛してやまなかったジョン・ホープ博士(一八六八—一九三六年)にあやかって命名されたのである(ついでながら、父の名をそのまま引き継いだ兄のバック・コルバート・フランクリンJr.は、一九四七年に四〇歳の若さでこの世を去った)。

母モーリーは、小学校の教員をしていた。電気もガスも水道もない南部のこの小さな村には、保育所などあるはずもなかったので、彼女は三歳になったばかりのこの子をいつも学校に連れて行き授業のあいだじゅう、紙と鉛筆を与えて教室の最後部の席に座らせておいた。おかげで、五歳になった頃には、彼はもう母が教えていた低学年の小学生たちと同じほどの語句や簡単な文を自分で書けるようになっていた。これが、ジョン・ホープの「初等教育」の始まりだった。

こうした早期「初等教育」は、家庭でもまた自然に行なわれていた。当時、レンティースヴィルは、貧しい黒人ばかりが住む人口二〇〇人足らずの寒村だった。こんなところでは、父の本業である弁護士の仕事はほとんど成り立たず、彼は自分の専門知識をいかしながら郵便局長、治安判事、公証人などとして、これらの黒人たちのために骨身を惜しまず働いた。生来、本を読むことが好きだったバックは、昼間の仕事が終わって夜ともなれば、読書に耽ったり、ものを書いたりするのがお定まりの日課だった。幼少のジョン・ホープは、そんな父の姿にほのかな憧れを覚え、知らず知らずのうちに自分も大きくなったら父のような人間になりたいと思うようになっていた。彼が人種主義の何たるかについて、子ども心にもはっきりと知ったのは、父が弁護士業に専念するため、レンティースヴィルから少し北西に離れたタルサに移り住んだ直後のことであった。当初の予定では、父だけが一足先にタルサに行って家族を迎える準備を整え半年後に、かれらもそこに転居する手筈になっていた。

だが、家族の者がレンティースヴィルを去ろうとしていたその時、一九二一年六月、タルサで大規模な人種暴動が発生し、人種差別がことのほか厳しかったその町の黒人居住区は猛火につつまれ、人種主義者から「妥協を知らぬ敵」と目されていた父の安否も気づかわれているとの知らせが、かれらの許にとどいた。幸い、父の身に危害はおよばなかったが、家族を迎えるために用意していた家も、すでに開設していた弁護士事務所も白人暴徒によって焼き討ちにあい、数日間にわたって吹き荒れた暴動がおさまってからも、彼は仮設テントの中で仕事をしなければならない状態が何カ月もつづいた。そんなわけで、家族全員がタルサに居を構えることができたのは、それから四年もの歳月が経過した一九二五年末になってからのことだった。ジョン・ホープが、まもなく一一歳になろうとしていた頃である。この時の経験は、ここアメリカで黒人として生きることの意味を彼の心に深く刻みつけた。

青少年期を通じて、二つのことが、いつも彼を悩ませた。「ひとつは人種であり、もうひとつは経済的困窮だった」と、ずっと後になって述懐している。タルサのブッカー・T・ワシントン高校を一番の成績で卒業した彼は、一九三一年に奨学金を得てテネシー州ナッシュヴィルのフィスク大学に入学した。当時、アメリカは全土にわたって大恐慌後の深刻な経済不況に見舞われていて、「オクラホマ州で成功した最初の黒人弁護士の一人」だった父も、顧客であるこの地の黒人のほとんどが失業していて、生計を維持することさえ困難だった。そんなわけで、フィスク大学に在学中は、図書館でのアルバイトから食堂での皿洗いまで、いろいろな場所でさまざまな種類の仕事をして、働きながら学業に励んだ。

最初、彼は漠然と父のあとを継いで弁護士になろうと考えていた。南北戦争後いち早く設立された黒人の高等教育機関だったこのフィスク大学では、学生のほとんど全員が黒人だったが、教師陣のほうは、当時、黒人と白人が半分位ずつで、有名な黒人教授の中にはチャールズ・S・ジョンソンやE・フランクリン・フレイジャーなどがいた。かれらをはじめとする黒人、白人の優秀な教師との接触を通じて、ジョン・ホープの心の中には次第に、将来、学者になりたいという気持ちが芽生えてきていた。とりわけ、彼のその後に絶大な影響を与えることになったのは、彼自身が「それまでに会った最も素晴らしい人物」と呼んでおり、二年生になった時は歴史学科の学科長をしていた白人歴史家のセオドア・S・カリアー教授との出会いだった。ジョン・ホープが歴史家になることを決意したのは、この出会いだったからである。爾来、二人のあいだには師弟関係を超えた親密な友情が生まれ、それはカリアー教授が一九七九年に亡くなるまで、半世紀にわたって変わることがなかった。一九六一年にシカゴ大学出版局から刊行された『南北戦争後の再建』は、カリアー教授に捧げられている。

当時、白人大学はもとより、どこの黒人大学にもまだ正規のカリキュラムとして黒人史の授業があるところはなかったが、彼は主としてカリアー教授のもとで幅広く歴史学を勉強しながら、同時に、その頃、活発に著作活動や教育活動に従事していたW・E・B・デュボイス、E・フランクリン・フレイジャーなどの黒人学者やカーター・G・ウッドソン、ロレンゾ・グリーン、チャールズ・H・ウェズリー、レイフォード・ローガンなどの黒人歴史家の学問的成果を自力で学び取り、南部史研究のコースワークでは「テネシー州における自由黒人」と題するすぐれたペーパーを書いた。これは数年後に、ハーヴァード大学大学院で学位論文として作成した「ノースカロライナ州における自由黒人」の原型ともいうべきものである。さらに、この学位論文は、大学院を卒業して僅か二年後の一九四三年に、ノースカロライナ大学出版局から公刊された同じ題名の彼の最初の書物として結実した。

話が少し先に進みすぎたが、歴史研究者としての彼の才能を高く評価していたカリアー教授は、自分の母校であるハーヴァード大学大学院へ彼が進学することを強く望んでいた。他方、ジョン・ホープのほうも、経済問題さえなんとかなれば、是非、そうしたいと考えていた。そこで、教授は、一九三五年に彼が優等でフィスク大学を卒業すると自分で銀行に出かけて行って五〇〇ドルの金を借り、ハーヴァードへ進学するための準備を整えてくれた。

こうして、彼は、この年、ハーヴァード大学大学院に入学し、いっそう広く深く歴史学の研究に精魂を傾けた。小・中学校、高校、大学と、それまで黒人ばかりの学校に通ってきた彼にとって、教授陣は全員が白人で黒人学生も五指を数えるほどにすぎず、どことなく白人優越のエリート的雰囲気が漂っていたここハーヴァードは、すべてが別世界だった。学生は、全国でも有数の名門校から集まってきた秀才揃いだった。そんな環境の中に身をおいた彼が、まわりの学生に伍して研究をつづけるには、日曜も、祝日も、感謝祭も、クリスマスも、新年もなかった。毎日が、厳しい勉強の連続だった。

そんな甲斐があって、一年後の一九三六年には早くも修士号を取得し、その後の一年間、母校のフィスク大学で初めて教壇に立ち、そのあいだにカリアー教授が用立ててくれた借金も返済して再びハーヴァードに戻ると、その年に五八歳で死んだ母への悲しみを胸のうちに掻き消すかのように、本格的な歴史研究に没頭した。それが出来たのは、セント・オーガスティン大学で教鞭をとりながら、同時に給付された二つの奨学金――エドワード・オースティン奨学金とジュリアス・ローゼンワルド奨学金――のおかげだった。こうして、一九四一年には、さきにふれた論文を完成してハーヴァード大学から博士の学位を授与され、ここに若き歴史家ジョン・ホープ・フランクリンが名実ともに誕生した。彼が二六歳の時である。

しかし、ここに来るまでの道程は、けして並大抵のものではなかった。黒人である彼は、当然、人種差別の壁と闘わなければならなかったからである。フィスク大学に入って、まもない頃、ある日、ナシュヴィルの路面電車に乗ろうとして繁華街の切符売場で二〇ドル札一枚を差し出しながら、彼が白人の係員にお金はそれしか持ち合わせていないので釣銭は何ドル札でも構わないからと丁寧にことわって切符を求めたところ、この係員は、突然、汚い言葉で人種偏見に満ちた雑言を浴びせかけてから、「黒ん坊《ニガー》にそんな指図をされるいわれはない」と大声で叫んで、一〇セント硬貨と二五セント硬貨ばかりで一九ドル七五セントの釣銭を寄越した。また、こんなこともあった。ハーヴァード大学への入学にさいし、ヴァンダービルト大学で行なわれた進学適正試験を受けるため試験場の定められた席につくと、一見して大学教授とわかる試験監督は、どう控え目に表現しても「歓迎や信頼の気持ちが感じられない」尊大な態度で、彼に問題用紙を「投げて渡した」のである。試験場を出ようとした時、長年この大学で働いていた黒人の用務員がそっと近づいてきて、その部屋で白人学生と一緒に座って試験を受けたのは彼が最初の黒人学生だった、と教えてくれた。

これらは、ほんの例示にすぎないが、彼が経験したこのような人種差別は、本書に収録した「アメリカ黒人学者のディレンマ」(第二章)の中にも出てくるように、多かれ少なかれ、その後の生活にもつきまとった。そんな人種差別を、ただ自分のためにではなく、すべての黒人のために、差別されたすべての人びとのために、この国から一掃し、アメリカを万人にとって真に自由で平等な正義の社会に改善していく絶えまない努力に、ジョン・ホープ・フランクリンは、全生活を、あくまでも歴史家＝学者として捧げてきたのである。

歴史研究の実践的意味と黒人学者の責務について、彼は次のように書いている。「このような激動の時代に、南北戦争前の自由黒人や偏狭な考えを抱く過激な南部白人の研究をすることは、何故か現実に起こっている闘争からかけ離れているように思えた。しかし、一八五〇年代にかれらがしたことは、かれらの子孫が一九五〇年代に直面したものと明らかに深くかかわっていた。……黒人学者は、自分が生きている社会の改善に参加する明確な責任があると同時に、やたらに強硬な言動をすることと、最高の学問的水準を保つこととのあいだには、違いがあるのだということを十分にわきまえていなければならない。」

また、別のところでは、彼が公民権運動にあまり熱心でないのではないかとの批判者にたいしては、「公民権について、私が冷淡だとでも言いたいのか？　否、断じて否である。私が学者として生き残るためには、私は人間として、という意味はつまり黒人として生き残らなければならないことをよく知っているからだ」と、きっぱりと答えているが、同時に「現在、黒人はほとんどの公民権を手にしている。今や、かれらが望んでいるものは自分たちの歴史である。……私はこれまで、さまざまな職につくことを求められた。もしも、私にその気があれば、大学の学長や政府機関で大使になることもできた。しかし、私は、なによりも、学者として生きたかったのだ」とも述べている。

こうした立場から、今日に至るまで彼が世に問うてきた著書、編書、論文、学会発表、講演などは枚挙にいとまがないので、ここでは主要著書だけを掲げておく。

The Free Negro in North Carolina, 1790-1860 (University of North Carolina Press, 1943;

Russell & Russell, 1969).

From Slavery to Freedom : A History of American Negroes (Alfred A. Knopf, 1947 ; Revised and enlarged, 1956, 1967, 1974, 1980, 1988 ; Vintage Paperback edition, Random House, 1969).

The Militant South, 1800–1860 (Belknap Press of Harvard University Press, 1956 ; Paperback edition, Beacon Press, 1964).

Reconstruction : After the Civil War (University of Chicago Press, 1961 ; Paperback edition, 1963).

The Emancipation Proclamation (Doubleday and Company, 1963 ; Edinburgh University Press, 1963 ; Anchor Paperback edition, 1965).

A Southern Odyssey : Travelers in the Antebellum North (Louisiana State University Press, 1976).

Racial Equality in America (University of Chicago Press, 1976).

George Washington Williams : A Biography (University of Chicago Press, 1985).

Race and History : Selected Essays, 1938–1988 (Louisiana State University Press, 1989).

このリストの二番目の書物は、一九七八年に『アメリカ黒人の歴史――奴隷から自由へ』との表題で、わが国でも翻訳されており、バランスがよくとれた内容も豊かな定評あるアメリカ黒人史の通史で、数多くのアメリカの大学でテキストブックとして使用されてきただけでなく、一般にもきわめて広範な読者を得ている。一九四七年に初版が出版されて以来、五六年、六七年、七四年、八〇年と着実に版を重ね、そのつど増補改訂され、一九八八年には第六版が出て、現在、第七版を準備中とのことだが、ペーパーバックを含めて、これまでの総発行部数が、この種の本としては、なんと二五〇万部に達する超ロング・ベストセラーである。また、日本語のほかにも、フランス語、ドイツ語、ポルトガル語、中国語に翻訳されている。

教歴は、すでに述べたように、ハーヴァード大学で修士号を取得した一九三六年から一年間、母校のフィスク大学で、一九三九年からはノースカロライナ州ローリーのセント・オーガスティン大学で教鞭をとった後、一九四三年に近くのダーラムにあるノースカロライナ・セントラル大学に移り、一九四七―五六年にはワシントン・D・Cのハワード大学で歴史学を担当した。ついで、一九五六―六四年にはニューヨークのブルックリン大学教授として歴史学科の学科長をつとめたが、そのような役職に黒人がついたのはこの国では彼が初めてで、父バックはそんな息子の姿を見とどけながら一九六〇年に八一歳の生涯を閉じた。

一九六四年以後は、八〇年まで一六年間をシカゴ大学教授として数多くの歴史研究者を育成しながら、一九六七―七〇年の時期には歴史学科の学科長をつとめ、また六九年にジョン・マシューズ・マンリー・ディスティングイッシュト・サーヴィス・プロフェッサーに任命された。一九八〇年にシカゴ大学を去ってから一年間、ノースカロライナ州のリサーチ・トライアングル・パークにある全米人文科学研究所で過ごし、一九八一年以降はダーラムのデューク大学でジェームズ・B・デューク・プロフェッサー、そして数年前から同名誉教授として七七歳の今日も第一線で活躍をつづけている。

この間、彼は、ハーヴァード大学、コーネル大学、ウィスコンシン大学、カリフォルニア大学バークレー校、スタンフォード大学、ハワイ大学など多くの大学の客員教授をつとめたほか、イギリスのケンブリッジ大学はじめ、アジア、アフリカを含む世界各地の大学や研究機関に招かれて、たびたび講義や講演を行なった。わが国には、四回、来訪し講演もしたことがある。

学者としても、人柄の点でも、学界での評価はきわめて高く、全国的規模の学会だけでも、一九六六―六七年にアメリカ黒人の生活・歴史研究協会、七〇―七一年に南部歴史学協会、七四―七五年にアメリカ歴史家協会、七九―八〇年にアメリカ歴史学協会の各会長を歴任したが、その他多くの各種学術関係団体の要職にもついた。また、全国黒人向上協会などの黒人解放組織にも、歴史家としての専門知識をいかして関与し、黒人の権利獲得と地位改善のために尽力した。こうした諸活動を通じて、これまでに受賞した大小さまざまな賞は数え切れないほどだが、歴史家＝学者としての彼の社会的地位を象徴的に示しているのは、コロンビア大学、フィスク大学、ハワード大学、ミシガン大学、プリンストン大学、イェール大学、さらにイギリスのケンブリッジ大学を含めて、八九もの大学から名誉学位(一九九一年、現在)を授与されていることである。なお、一九七九年には、フィスク大学に彼の名を冠したジョン・ホープ・フランクリン・プロフェッサーシップが設けられた。

フランクリン教授が今日ある陰には、夫人の功績が大きい。彼と同じ年の一九一五年七月二五日に、ノースカロライナ州ゴールズボロで生まれたオーレリア・エリザベス・ウィティントンも、フィスク大学の優秀な学生だった。教授は、歴史家としての彼特有の正確な記憶力をもって、彼女との最初のデートが一九三一年一〇月三一日だと語っている。そして、二人が結婚したのは、それから九年後の一九四〇年六月一一日である。初めての出会い以来、六一年間の長きにわたって、彼女はいつも教授の最良の理解者であり、最大の協力者だった。さきにふれた『アメリカ黒人の歴史――奴隷から自由へ』の中扉の上のほうには、なんの修飾語もなしに献辞として、ただ「オーレリアへ」とだけ小さな字で記されているが、その簡潔さがすがすがしくも美しい。

教授の趣味は、クラシック音楽、湖や河川での鱒釣り、テレビの野球観戦など多岐にわたるが、なんといっても第一に挙げるべきは蘭の栽培と観賞である。これは、もう趣味の域をはるかに超えて、シカゴに在住中は二階の書斎のはずれにあった広いベランダの、ダーラムに移ってからは庭の一隅に新しく作ったグリーンハウスで、朝な夕な、毎日、たんねんに手入れをするのが日課になっている。世界各地から収集した種類は数百種をかぞえ、一九七六年に作出された新品種の蘭は、ファラネオプシス・ジョン・ホープ・フランクリンと名づけられて、イギリス蘭協会に登録されているほどである。また、彼は大変な食通であるばかりでなく、たびたび自宅で開かれるホームパーティーの時はもとより、毎日の食事も、ちょっとしたものを作る時は、オーレリア夫人より彼自身がキチンに立って、シェフの役割をつとめることが多い。あるクッキングブックには、彼の得意な料理の調理法《レスピー》のいくつかが名前入りで収録されている。

このように、日常生活にみられる教授は、よく笑い、冗談もよく言う温厚そのものの好紳士だが、ひとたび話が学問のことにおよぶと、その態度は、たちまち厳格な歴史家＝学者に一変し、あたりに緊張感がみなぎる。どんな相手の言葉にも熱心に耳を傾けながら、はっきりとした口調で質問に答え自分の考えを述べる教授の姿には、いささかの妥協も許さぬ気迫と情熱が込められている。

フランクリン教授は、自分を「黒人史の歴史家」と呼ばれることを好まない。さきに掲げた主要著書からもわかるように、彼は南部史を専門とする、あくまでもアメリカ史家なのである。かつて、一九六〇年代末から七〇年代初めに、多くの大学でブラック・スタディーズの講座や学科が設けられた時、全米でも屈指の超一流大学から、そこの主任教授に就任するよう懇請されたが、彼は自分の専門はブラック・スタディーズではないからと丁重に辞退している。じじつ、フランクリン教授の歴史学の特色は、彼以前の多くの黒人歴史家が概して「黒人史の歴史家」だったのにくらべて、彼の場合は、黒人史を広くアメリカ史の全歴史過程の中に正当に位置づけたことにある。そうした観点からアメリカ史とりわけ南部史の科学的解明につとめ、アメリカ史像の再構築に大きな貢献をしてきたのが、歴史家ジョン・ホープ・フランクリンであった。

あれは、たしか一九七五年頃だったと思う。現在、黒人のあいだでも、その賛否が分かれているアファーマティヴ・アクション(黒人をはじめとするマイノリティーや女性にたいする差別をなくすための差別是正の優遇措置)について意見を求めたことがある。その時、彼は「私は、かのアラバマ州の知事――当時、人種主義者のジョージ・ウォーレスが第三回目の州知事の座についていた――とは全く異った、いわば正反対の立場から、原理的には、それに賛成ではない。しかし、今日なお黒人がおかれている状態のもとでは、それは現実的には、やむをえない措置だろう。要は、そのような特別措置など必要としない平等と正義のアメリカ社会を一日も早く実現することだ」と、はっきりと答えた。彼のこの言葉は、あれから一七年も経った今も、私の心に印象深く残っている。

最後に、本書がこうして出版されるまでには、岩波書店の何人かの方々、とりわけ石原保徳氏と新村恭氏に大変お世話になった。記して謝意を表したい。

一九九二年　初秋

本田創造

アメリカ史略年表(黒人史を中心に)

1607 イギリス，北米最初の恒久的植民地を建設(ジェームズタウン)．

1619 20人のアフリカ黒人，オランダ船によりジェームズタウンに「輸入」される．

1620 ピルグリム・ファーザーズのうち41人，船上で「メイフラワー誓約」に署名．

1641 マサチューセッツで奴隷制度を合法化(以後，他の植民地がこれにならう)．

1663 ヴァージニアで最初の大規模な奴隷暴動．

1672 イギリス，王立アフリカ会社を設立(イギリス奴隷貿易の急速な拡大)．

1676 ナサニエル・ベイコンの反乱．

1739 サウスカロライナでカトーの奴隷暴動．

1770 自由黒人クリスパス・アタックス，「ボストンの虐殺」でイギリス軍の銃弾に倒れる(アメリカ独立革命最初の犠牲者のひとり)．

1773 マサチューセッツの黒人，議会に自由を求める請願書を提出．

ボストン「ティー・パーティ事件」．

1775 イギリスとの本格的な武力戦争始まる(～1781年)．

ベンジャミン・フランクリン，最初の奴隷制反対協会をフィラデルフィアに設立．

トマス・ペイン，奴隷制反対の論説を発表．

イギリス軍に参加した奴隷には自由を与える旨の「ダンモア卿の布告」．

1776 独立革命軍，自由黒人の軍隊参加を承認.
独立宣言.
1777 ヴァーモントで奴隷制度を廃止.
1780 ペンシルヴェニアで奴隷の漸次解放を決定.
1782 クレヴクールの『アメリカの農夫からの手紙』出版.
1783 マサチューセッツで奴隷制度を廃止.
1784 コネティカット，ロードアイランドで奴隷の漸次解放を決定.
1787 北西部領地条令でオハイオ川以北の北西部地域の奴隷制度を禁止.
1789 合衆国憲法成立(「3/5 条項」や奴隷貿易存続などを承認したことにより，憲法が黒人奴隷制度を容認).
1790 フランス領ハイチで奴隷革命(1803 年に黒人共和国成立).
1793 逃亡奴隷取締法成立.
イーライ・ホイットニー，綿繰機を発明(南部の綿花栽培発展の契機となる).
1794 奴隷制反対協会全国大会，フィラデルフィアで開催.
リチャード・アレン，ベセル教会(最初の黒人エピスコパル・メソジスト教会)をフィラデルフィアに設立.
1799 ニューヨーク州で奴隷の漸次解放を決定.
1800 ヴァージニア州でゲイブリエル・プロッサーの奴隷暴動計画発覚.
1802 デンマーク，自国領内で奴隷貿易を禁止.
1804 ニュージャージー州で奴隷の漸次解放を決定.
1808 奴隷貿易禁止法(1807 年)発効.
イギリス，奴隷貿易を禁止.
1816 アメリカ植民協会，首都ワシントンで設立.
1818 フレデリック・ダグラス生まれる(～1895 年).
1819 フランス，奴隷貿易を禁止.

1820 「ミズーリ協定」成立(北緯36度30分を自由州と奴隷州の境界とする).
1822 サウスカロライナ州でデンマーク・ヴィージーの奴隷暴動計画発覚.
1827 最初の黒人新聞『フリーダムズ・ジャーナル』, ニューヨークで創刊.
1829 デイヴィッド・ウォーカー,『アピール(訴え)』をボストンで公刊.
1830 全国黒人集会, フィラデルフィアで開催(大規模な「黒人集会運動」の始まり).
1831 ウィリアム L. ガリソン,『リベレーター(解放者)』をボストンで発行.
ヴァージニア州でナット・ターナーの奴隷暴動.
1832 ニューイングランド奴隷制反対協会設立.
1833 アメリカ奴隷制反対協会設立.
イギリス, 自国領西インド諸島の奴隷制度を廃止.
1840 奴隷制廃止論者ら, 自由党を結成.
世界反奴隷制大会, ロンドンで開催.
1845 テキサス併合.
1846 メキシコ戦争(〜1848年).
「ウィルモット建議」.
1847 フレデリック・ダグラス,『ノース・スター(北極星)』をロチェスターで創刊.
1849 ジョージ・ワシントン・ウィリアムズ生まれる(〜1891年).
1850 「1850年の妥協」により, いっそう強力な逃亡奴隷取締法が制定される.
1852 ストー夫人の『アンクルトムの小屋』出版.
1854 カンザス＝ネブラスカ法成立.

1854 共和党結成.
1856 ブッカーT. ワシントン生まれる(～1915年).
1857 最高裁の「ドレッド・スコット判決」(ドレッド・スコット対サンフォード事件).
1858 「リンカン＝ダグラス論争」.
1859 ハーパーズフェリーでジョン・ブラウンの武装蜂起.
1860 エイブラハム・リンカン, 大統領に当選.
1861 連邦から分離した南部諸州, 「南部連合」を結成.
南北戦争始まる(～1865年).
1862 首都ワシントンで奴隷制度有償廃止.
1863 奴隷解放宣言.
1865 解放民局設立.
リンカン大統領暗殺される.
憲法修正第13条(奴隷制度の廃止)成立.
クー・クラックス・クラン(KKK), テネシー州で結成.
1866 公民権法成立.
フィスク大学設立.
1867 再建法成立.
ハワード大学設立.
1868 憲法修正第14条(黒人の公民権付与)成立.
W. E. B. デュボイス生まれる(～1963年).
1869 全国黒人労働同盟結成.
1870 憲法修正第15条(黒人の選挙権付与)成立.
南部政界にアメリカ史上初めて黒人が進出し, 連邦議会にも議席を占める.
1875 公民権法成立.
1877 「ヘイズ＝ティルデンの妥協」成立(南部再建の終焉).
1881 B. T. ワシントン, タスキーギ職業専門学校を設立.

1882 G. W. ウィリアムズの『アメリカにおける黒人の歴史』出版.
1883 最高裁, 1875年公民権法に違憲判決.
1886 全国黒人農民同盟＝協同組合同盟設立(人民党運動に参加).
1889 この頃から黒人にたいするリンチ激化.
1890 ミシシッピ州で黒人選挙権剝奪(以後, 黒人選挙権の制限が南部諸州に広がる).
1892 リンチによる黒人の年間死亡者数ピークに達する.
1895 B. T. ワシントンの「アトランタ演説」(「アトランタの妥協」).
1896 最高裁,「分離しても平等」なら差別ではないと人種差別に合憲判決(プレッシー対ファーガソン事件).
全国黒人婦人協会結成.
1898 ルイジアナ州で「祖父条項」制定(以後, 南部諸州に広がったが, 1915年に最高裁で違憲判決).
1903 W. E. B. デュボイスの『黒人の魂』出版.
1905 「ナイアガラ運動」始まる.
1909 全国黒人向上協会(NAACP)結成(翌年, 機関誌『クライシス(危機)』発行).
1911 全国都市同盟(NUL)結成(この頃より南部農村から北部都市への黒人の移住が多くなる).
1914 マーカス・ガーヴェイ, 全黒人地位改善協会を結成.
1915 カーターG. ウッドソンを中心に黒人の生活・歴史研究協会設立(翌年, 研究誌『黒人史ジャーナル』創刊).
NAACP, リンチ反対委員会を設置.
映画『国民の創生』公開される.
1919 シカゴはじめ各地で人種暴動発生.
1920 この頃から「ニグロ・ルネサンス」(「ハーレム・ルネサンス」)始まる.
1924 移民制限法成立.

1924 この頃，第2次KKKの活動盛ん(会員数は約500万人).
1929 マーティン・ルーサー・キング(二世)生まれる(〜1968年).
1930 アメリカ共産党，黒人人権闘争同盟を設置.
1931 アラバマ州で「スコッツボロ事件」起こる.
1934 ブラック・ムスリムズ(黒い回教徒運動)，シカゴで活動開始.
1936 全国黒人会議結成.
1941 A. フィリップ・ランドルフ，ワシントン行進を計画.
フランクリンD. ローズヴェルト大統領，行政命令第8802号(黒人雇用の公正化)を発令.
1942 人種平等会議(CORE)結成.
1944 最高裁，政党の予備選挙からの黒人排除に違憲判決(スミス対オールライト事件).
1945 ニューヨーク州とニュージャージー州で反差別法制定.
1946 ハリーS. トルーマン大統領，行政命令第9808号(公民権委員会の設置)を発令.
1948 トルーマン大統領，行政命令第9981号(軍隊内部の人種隔離禁止)を発令.
1949 ニュージャージー州で公正雇用実施法制定(以後，北部・西部諸州で制定).
1950 ラルフJ. バンチ，アメリカ黒人最初のノーベル平和賞を受賞.
1953 ルイジアナ州バトンルージュでバスの人種隔離反対運動起こる.
1954 最高裁，公立学校における人種隔離に違憲判決(ブラウン対教育委員会事件).
1955 アラバマ州モントゴメリーで大規模なバス・ボイコット運動始まる(翌年，最高裁は「バスの人種隔離は違憲」と判決).
白人市民会議の組織化始まる.
1956 アラバマ大学で「ルーシー事件」起こる.
南部選出国会議員の「南部宣言」(最高裁のブラウン判決に抗

議).

1957 M. L. キングを中心に，南部キリスト教指導者会議(SCLC)結成.

公民権法成立(再建期以後，最初の公民権法).

「リトルロック高校事件」起こる.

1960 ノースカロライナ州グリーンズボロから「座り込み運動」始まる(南部全域に拡大).

学生非暴力調整委員会(SNCC)結成.

公民権法成立.

最高裁，州際長距離バス内だけでなくターミナル諸施設での人種隔離禁止判決(ボイントン対ヴァージニア事件).

1961 「自由のための乗車運動」始まる.

ジョンF.ケネディ大統領，平等雇用委員会を設置.

1962 ミシシッピ大学で「メレディス事件」起こる.

1963 バーミングハムで「C計画運動」(市当局にたいする差別撤廃闘争).

メドガー・エヴァース射殺される.

「ワシントン大行進」に20数万人が結集.

ケネディ大統領暗殺される.

1964 憲法修正第24条(国政選挙の納税規制禁止)成立.

ミシシッピ自由民主党(黒人中心)の結成.

「ミシシッピ夏期計画」(この計画に参加した3人の活動家が惨殺される).

強力で包括的な公民権法成立.

ハーレムはじめ諸都市で人種暴動頻発(「長く暑い夏」の始まり).

M. L. キング，ノーベル平和賞を受賞.

1965 マルコムX暗殺される.

1965	セルマ＝モントゴメリー間で「自由の行進」.
	公民権法(黒人の投票権強化)成立.
	ロサンゼルスのワッツで大暴動.
1966	ロバートC. ウィーヴァー，最初の黒人閣僚(住宅都市開発省長官)となる.
	「メレディス行進」(公民権諸団体間の方針の相違表面化).
	ストークリー・カーマイケル,「ブラック・パワー」を提唱.
	ブラック・パンサー(黒豹)党結成.
1967	デトロイトで大暴動.
	クリーヴランド，ゲアリー両市で大都市最初の黒人市長誕生.
	サーグッド・マーシャル，最初の連邦最高裁黒人判事に任命される.
1968	M. L. キング暗殺される.
	全米168の都市や町で人種暴動.
	公民権法(住宅差別禁止)成立.
	ラルフ・アバナシー,「貧者の行進」を行なう.
1972	全国黒人政治集会開催.
1976	アレックス・ヘイリーの『ルーツ』出版(翌年，テレビ・ドラマとして放映).
1977	アンドルー・ヤング，最初の黒人国連大使となる.
	パトリシアR. ハリス，最初の黒人女性閣僚(住宅都市開発省長官)となる.
1978	最高裁,「逆差別」判決(カリフォルニア大学評議員対バッキィ事件).
1983	「ワシントン大行進」20周年記念集会.
	M. L. キング記念の国民祝日制定(1986年より実施).
	この年，黒人の失業率19.5%に達す.
1988	「ワシントン大行進」25周年記念集会.

1989	ローレンス・ダグラス・ワイルダー，最初の黒人知事(ヴァージニア州)に当選.
	デイヴィッド・ディンキンズ，全米最大都市ニューヨーク最初の黒人市長に当選.
1990	シャロン・プラット・ディクソン，首都ワシントン最初の黒人女性市長に当選.
1991	公民権法成立(アファーマティヴ・アクションの強化).
1992	ロサンゼルスでアメリカ史上最大の都市暴動.
	キャロル・モズリー・ブラウン，最初の黒人女性連邦上院議員(イリノイ州選出)に当選.

(この年表は，日本の読者のために監訳者が作成した.)